Wilhelm Arent

Kunterbunt. Lyrische Federzeichnungen.

Wilhelm Arent

Kunterbunt. Lyrische Federzeichnungen.

ISBN/EAN: 9783743363250

Hergestellt in Europa, USA, Kanada, Australien, Japan

Cover: Foto ©Thomas Meinert / pixelio.de

Manufactured and distributed by brebook publishing software (www.brebook.com)

Wilhelm Arent

Kunterbunt. Lyrische Federzeichnungen.

Kunterbunt.

Lyrische Federzeichnungen

von

Wilhelm Arent.

Motto:
Was ist das Weben des Weltentraumes?
Was ist der Menschen endlos Gewirr?!...
Blätter sind wir eines Baumes:
Heute grün und morgen dürr.
Richard Henry Stoddard.

Berlin (Friedenau) und Leipzig.
Verlag von F. Thiel.
1886.

Inhalts-Uebersicht.

	Seite
An Carl Bleibtreu	I—III

Erstes Buch. Silhouetten.

Abschied von der Poesie	3
Des Jahrhunderts verlorene Kinder	4
Abendgang	5
Mondnacht	5
Auf eine Rosenknospe	6
Morgenstimmung	7
Thaufrischer Mai	7
Vierzeiler	8
Frage	8
Sehnsucht	9
Alleins	9
Frauenhuld	10
Und dennoch	11
Frühlingswonnen	12
Entrüstungs-Epigramm	12
Die Rize	13
Die Kellnerin	14
Die Circusbajadere	14
Amélie	15
Die Straßenläuferin	16
Interjection der Sinne	16
Nirwana	17
Vision	17
Antwort	18
An eine Verlorene	19
Freie Rhythmen	20
Abend in der Ebene	22
Märchen	23
Frei nach Edgar Poë	23
Haidvöglein	24
Frei nach Petöfy	24
Roman	25
Thränen	25

	Seite
Strophen	26
Naturbild	26
Flußfahrt bei Sonnenuntergang	27
An die Gebrüder *. *	27
Die Liebe. (Fragment)	28
An P. F.	28

Zweites Buch. Anna. Ein Cyclus.

I.—VII.	29—36

Drittes Buch. Natur und Stimmung.

Einsamkeit	37
Mondnacht	37
Selige Ruh	38
Nächtiger Zauber	39
Traumesweben	39
Erdenluft	40
Lichte Wonne	40
Erwachen	41
Auferstehung	42
Kreuzseligkeit I.	42
„ II.	43
Erster Strahl	44
Gluth	45
Sommerabend I.	45
„ II.	46
Waldessprache	46
Sonnenuntergang	47
Mit der Sonne	47
Am Meer	48
Maiennacht	48
Frühlingsandacht	49
Maifriede	50
Welke Blätter I. und II.	51
Herbsttag	52
Nichts	52
Todessehnsucht	53
Spätherbst	54
Sturmnacht	55
Winternacht	56
Verrauscht	57

	Seite
Tod	57
Nie wieder	58
Fragment	59
Im Zecherkreise	60
Kind aus dem Volke	61

Viertes Buch. Pantheismus.

Das Ziel	65
Märtyrer sind wir	66
O süße Vollmondnacht	66
Mählich verlischt	68
Mich treibt's in Einsamkeit	68
Träumend ruht	69
O holder Bann	69
Zum Ort des Todes. (Elegie)	70
O holde Einsamkeit	71
O könnt' ich mich wiegen	72
Eins bin ich nun	72
Weicht von mir	73
Das war ein wundersam-süßer Tag	74
O Allnatur vergiß mich nicht	75
O süße Zeit	76
Waldeinsamkeit	77
Was Tiefstes	78
Ich kehre zu den Sternen	79
Seelenfeier	80
Urmutter Nacht	81
Das Meer der Ewigkeit	82
Du Odem	82
Geh in den Wald	83
Immer neu	84
Nach jeder Wolke möcht' ich greifen	85
O küß mich Maiensonne	85
Du bist der Geist	86
Unnennbar	87

Fünftes Buch. Gedanken und Stimmungsblitze.

Der Mensch	91
Welt-Ironie	91
Nirwana	92
Phantome	92

	Seite
Unabänderlich	92
Dein Leben	93
Laß	93
Welt und Ich	93
Einem Jünglinge	94
Gegenwart und Zukunft	94
Der ewige Fluch	94
Das Lied vom Leiden	95
Ewig nur der Schmerz	95
Wunsch	95
Unwerth	96
Aus dir selbst	96
Traumgleich	97
Entsagung	97
Vergißmeinnicht	97
Was mein Eigen	98
Mitgefühl	98
Mutter und Sohn	98
Der Schleier der Maja	99
Glück und Liebe eins	99
Werth des Lebens	99

Sechstes Buch. Freie Rhythmen.*)

Traumvergessen	103
Sie allein	104
Im wallenden Aether	105
Das einzige Glück, das die Erde kennt	106
A la Makart	108
A la Gabriel Mar	110
Die Heilige, Einzige, Göttliche	112
Meiner Seele Seele	115
Fieberglut	117
Fragmente I. und II.	119
„ III.	120
Fata morgana	120
Mondnachtzauber	122
Weihestunde	125

*) Ein siebentes Buch Schnitzel und Aphorismen in Prosa mußte wegen Raummangel fortfallen.

An Carl Bleibtreu.

Unbeirrt von jeder litterarischen Cliquenwirthschaft, erfüllt von der Größe der Aufgabe: in der Epoche der denkbar größten ästhetischen Verwilderung — wie sie namentlich die allgemeine Corruption der Kritik dokumentirt — immer weitere Kreise aus dem Sumpfe des Materialismus zu den reinen Höhen der Kunst emporzuziehen, geht Ihr macht- und glutvolles Streben, wie das der ganzen jungen Künstlergeneration, dahin, den Geist wiedererwachter Nationalität, germanischer Tiefe und Wahrheit laut und vernehmlich zu Allen, die hören wollen und hören können, sprechen zu lassen. Nicht zum kleinsten Theile prägt sich dieser lenzfrische Werdedrang in den Schöpfungen Ihres Genius aus. Sie sind einige der wenigen edlen Naturen unsrer gährenden Uebergangsepoche. In den unversieglichen

Quellen des Ideals sehen Sie die einzige wahre Religion der Menschheit, den Urborn der Gesunden und Kranken, wenn sie andächtig zu ihm pilgern, die läuternde Kraft zur Bejahung des Lebens spendet. Gestatten Sie daher, daß ich Ihnen die nachfolgenden bescheidenen Kinder meiner Muse widme und Ihnen so einen schwachen, äußer= lichen Beweis meiner Dankbarkeit für die schönen An= regungen, die Sie mir allezeit gewährt, zu geben wage. Gleichwahr und gleichstark lebt ja in den verschiedenen Individualitäten der jüngsten Poetenschaft der Drang sich so intim und confessionell wie möglich zu offenbaren. Warum sollte ich also ein Blatt vor den Mund nehmen? Ich bin ein aufrichtiger Bewunderer mancher glänzenden Partie ihres „Lyrischen Tagebuchs". Sie, der Sie zu dem Kreise der „Modernen Dichterkaraktere" gehören, fühlen: nur der Weg der Natur führt zur Wahrheit, zur vollen Erkenntniß alles Wahren, Guten und Schönen. Darum an dieser Stelle ein herzliches Glückauf speciell Ihnen und Allen, die gleich Ihnen mit der ganzen Kraft und Ursprünglichkeit Ihres Ichs mannhaft für die hehre Ideenwelt eintreten, welche den göttlichen Kern des Lebens ausmacht. Einen Krieg bis aufs Messer führen Sie und die Sturm= und Dranggenossen — zu denen ich nun nicht mehr zähle — gegen den allerorten mehr denn je parasitenartig wuchernden Dilettantismus, die allgemeine

Charakterlosigkeit, den schamlosen Egoismus in Leben und Kunst unsrer Tage. Ich glaube nicht fehl zu gehen, wenn ich es krank und frei ausspreche: es ist nur eine Frage der Zeit, trotz belferndem Wuthgeheul auf der einen und greisenhafter Totschweigetactik auf der andern Seite, zu wessen Gunsten sich die Wagschaale neigen wird.

Berlin, den 21. September 1885.

Wilhelm Arent.

Inhalt.

Erstes Buch: Silhouetten 1
Zweites Buch: Anna. Ein Cyclus 20
Drittes Buch: Natur und Stimmung 35
Viertes Buch: Pantheismus 63
Fünftes Buch: Gedanken- und Stimmungsblitze 80
Sechstes Buch: Freie Rhythmen 101

Erstes Buch.

Silhouetten.

Motto:
Die Schönheit der Natur ist nur ein Trugphantom,
Gewebt aus Wasserqualm und Sonnenstrahl,
Des Lebens Niedersturz umsonst verschönend —
Ins Nichts verrinnt doch jeder Traum einmal.
                         Carl Bleibtreu.

Abschied von der Poesie.

Ewig hab' ich dir heilige Poesie entsagt
Und fliehn muß ich dein süßes Feenland,
In wilden Rhythmen hat mein Herz gejauchzt, geklagt,
Doch deiner Himmelsreize Zauber schwand.

Der Welt des holden Scheins fiebert mein Dämon zu,
Mich lockt der Harmonien Sphärenrauschen,
Nicht eher find't mein irr'nder Geist ersehnte Ruh
Als das Parterre ihm athemlos wird lauschen.

Ich fühl's, Thaliens Wunderhand hat mich geweiht:
Das innre Sein muß ich im Rausch entsiegeln,
Trägt mich der Bühne Traum und Götterherrlichkeit
Auf der Begeistrung adlerschnellen Flügeln.

All' Lust und Schmerz, der sich der Menschheit offenbart,
All' Glück so himmelhoch, all' Weh so abgrundtief,
Was Heimlichstes der Busen bang und keusch bewahrt,
Was mir im Hirn genagt, nur manchmal zuckend schlief:

Entströmen wird mir's jäh, wenn mich die Muse kost,
Wenn höchster Schönheit Sonne mir in Thränen flammt,
Wenn ewige Protensunrast spendet Märchentrost,
Dem Genius, der die Welt entzückt, sich selbst verdammt.

Des Jahrhunderts verlorene Kinder.

Ein freudlos, erlösungheischend Geschlecht
Des Jahrhunderts verlorene Kinder,
So taumeln wir hin! weß Schmerzen sind echt,
Weß Lust ist kein Rausch? wer kein Sünder?

Selbstsucht treibt alle, wilde Gier nach Gold,
Unersättlich Sinnengelüste,
Keinem Einzigen ist Mutter Erde hold —
Rings graut nur unendliche Wüste.

Chaotische Brandung wirr uns umtost,
Verzehrt von dämonischen Gluthen,
Von keinem Strahl ewigen Lichts
Müssen wir elend verbluten . . .

Abendgang.

Abend war's. Die Sonne ging
Wehmuthschön, herbstblaß zur Rüste,
Vor uns flog ein weißer Schmetterling,
Leis ich Stirn und Wang' dir küßte.

Seele süß in Seele floß,
Linder Hauch uns weich umspielte,
Friede himmlischmild sich goß
In die Brust, die schmerzdurchwühlte.

Leib an Leib so, Hand in Hand
Sind wir träumend weitergangen
Bis der letzte goldene Schimmer schwand
Sanft des Dorfes Glocken klangen ...

Mondnacht.

So wie das Mondlicht silbern fluthet
Ueber die weißblühenden Märchenauen,
Auch meine Seele wogt und gluthet,
Um ganz in deine Seele zu thauen.

So wie die tausend Sterne blinken
Duftschön den milden Dämmertraum der Nacht,
Mein Aug' aus deinem Aug' muß selig trinken
Die Räthseltiefen holder Liebesmacht.

Und leise wie der linde Geisterhauch
In üppigen Blüthenzweigen flüstert,
Mein Athem deinem Athem auch
Keusch deiner Lippen Kelch sich eng verschwistert.

Wang' lehnt an Wang' und Herz schlägt warm an Herz;
Und in unendlich süßem Hochentzücken
Baut unsre Lieb' aus tiefstem Erdenschmerz
Zum Aether ihre goldene Brücken.

Auf eine Rosenknospe.

O zart Erröthende! Der Frühling neigt
Das Haupt vor dir, der Königin,
Die Sonn', die holde Blumengöttin zeigt
Stolz auf den theuren Liebling hin.

O Seligkeit, wenn du des Busens Blüthe,
Das schöne Wunder keusch enthüllst,
Wenn du mit Balsamthau, du wonndurchglühte
Die trunkene Seele füllst.

Morgenstimmung.

Welch schöner Friede träumt auf diesen Auen,
So sanft, so still, schmerzlösend wie der Tod,
Welch reiner Hauch, wie Athem holder Frauen
Grüßt mich nur Blumenduft und Morgenroth.

Süßkosend flüstern rings die üppigen Zweige
Jungduftiger, maienkeuscher Blüthenpracht,
Sonnengeküßt, berauscht das Haupt ich neige,
In meinem Haar zerrinnt der Thau der Nacht.

Thaufrischer Mai.

Aus der Gassen wüstem Lärmgedränge,
Aus der Großstadt staubigdumpfer Enge
Wall' ich, wonnigfroh zu dir, Natur!
Tausend Träume trunken mich umweben,
Ueber mir die Lerchen jubelnd schweben,
Jauchzend wandle ich der Sonne Spur.

Und ein Meer von süßen Melodien
Fühl' ich wogend mir im Busen glühen!
Meine Seele athmet seligfrei:
Plötzlich stirbt der Seele Gluthverlangen,
Gottes ewiger Hauch hat mich umfangen,
Frieden spendest du, thaufrischer Mai.

Vierzeiler.

Glücklicher als ich bist du, o Vögelein!
Du baust dein Nest im warmen Sonnenschein,
Mich weckt nur bange Ahnung aus dem Traum
Von Daseinsnichtigkeit und Glückesschaum.

Frage.

Ist's der Liebe Wundermacht,
Die fest Lipp' an Lippe preßt,
Deiner Glieder schneeige Pracht
Mich so wild umschlingen läßt?

Ist's der Sinne Frühlingstrieb
Für den Augenblick nur grün?
Ist's die Seligkeit, o Lieb',
Deren Wonnen ewig blühn?

Sehnsucht.

An deiner Brust, der weichen,
Von deinem Arm umschlossen,
Entzückung ohne Gleichen
Hab' ich im Rausch genossen.

Noch meine Lippen brennen
Von deinen wilden Küssen . . .
In Sehnsucht nicht zu nennen
Werde ich sterben müssen.

Alleins.

Himmelan strebt
Der sonnendurstigen
Seele Sehnsucht;
In aller Welten Duft

Möcht' wonnestumm
Sie mählich verathmen,
Körperlos, wunschlos
Weben der Gottheit Traum
Im Sonnenäther
Der Ewigkeit.

Frauenhuld.

Müd kam ich, ach so wirr und krank, —
Da traf mich mild dein Wort,
Tief deiner Anmuth Zaubertrank
Schlürft' ich im stillen Port.

Dein Augenblitz, dein Lächeln drang
In die glücköde Brust,
Zum Himmel sich die Seele schwang
In träumender Daseinslust.

Ein Meer von Wonnen ungesagt
Lacht die Welt im Rosenschein,
Ein neuer Lebensmorgen tagt,
O Frühling, Frühling zieh' ein!

Lös' du die Sehnsucht, niegestillt,
Köstliche Wundermacht!
Lösch' du die Glut, die mich erfüllt,
Kann' du die Schatten der Nacht.

Streu duftige Blüthen über mich aus,
Laß mich wandeln in seligem Wahn,
Fern von des Lebens Nacht und Graus,
Der Liebe leuchtende Bahn.

Und dennoch.

Nicht weiß ich, ob du mich noch kennst,
Ob du noch meinen Namen nennst,
Ob du noch frägst nach meinem Glück,
Zum Himmel flehst für mein Geschick.

Und dennoch weilst du stets bei mir,
Viel Liebes plaudre ich mit dir,
Wie einst grüßt du mich fromm und mild,
Du liebes, theures Heiligenbild.

Frühlingswonnen.

Variante abgedruckt im „Pegasus".
Nach dem Französischen.

O süßes Spiel! Minnend sich necken
Die Hunde an den Straßenecken,
Nun gilt's die Glieder stolz zu recken.
Die Fliegen surr'n in den Gemächern...
Die Spatzen liebeln auf den Dächern...
Rothkichernd sich die Damen fächern.
Verstohlener Seufzer hebt die Brüste —
Frühling die Braut die Erde küßte,
Nun schwelgt die Welt im Meer der Lüste.

Entrüstungs-Epigramm.*)

O Lumpenvolk der Journalisten!
Wer kann den Augiasstall ausmisten!
Balgt euch: je länger, je lieber,
Schimpft euch wie Karrenschieber —
Das Publikum, der Narrenhauf',
Nimmt fromm die „schmutzige Wäsch'" in Kauf.

*) Aus der noch ungedruckten Sammlung: „Epigrammatischer Knüppeldamm. Allerlei Ein- und Ausfälle."

Die Nixe.

Der Vollmond webt im hohen Buchenparke
Gespenstige Schatten schweben vor mir her,
Lautlos schwimmt auf schilfdunklem Teich die Barke —
Dumpfbrütend starr' ich in das Nebelmeer.

Seltsam Erinnern huscht durch meinen Schädel,
Verworrene langvergessene Melodien:
Der Säugling lallt harmlos beim Kindermädel,
Der Jüngling schwelgt in Mährchenphantasien ...

Plötzlich blinkt mattgelb auf der Venus Schimmer.
Das Weib steht vor mir, das mein Schicksal war:
Ihr Auge blitzt in süßem Wollustflimmer,
Rothgolden glänzt ihr üppiges Algenhaar.

Tief stöhn' ich auf und schwer. Mein todtes Fühlen
Erwacht in schrillem Wahnsinnsschrei;
In die blauen Fluthen, die marmorkühlen,
Taucht der sterbende Fechter — endlich frei.

Die Kellnerin.

Sieh dort die kleine, blonde Kellnerin,
Den Kobold von kaum sechzehn Jahren,
Welch' sprüh'nde Munterkeit! welch' Kindersinn,
Welch süßjungfräuliches Gebahren!

Bald ist der heitre Frühlingsschmelz dahin,
Das brünstige Weib im Blut jählings erwacht,
Dem ersten Besten fällt sie zum Gewinn —
Und dient bald schnöder Lust dann Nacht für Nacht.

Die Cirkusbajadere.

Wie des Springquells flüssige Silber-Säul'
Aufstäubt zum sonnigen Licht:
Wiegst im Tanz du dich vor dem Menschenknäul
Ein schönheitstrunknes Gedicht.

Dein Goldhaar umflattert die Marmorstirn,
Dein Busen wogt stürmisch wild —
Ich liebe dein weltlustfieberndes Hirn
Dämonisches Frauenbild!

Amélie.

Tiefgähnend traten wir in's volle Nachtcafé.
Rings Tabaksdampf, Geschwätz und lautes Gläser-
klirren . . .
Kaum hat mein Freund Mélange bestellt und Eisgelé
Und schon von rechts und links Wortköder uns um-
schwirren.

Verliebte Augen blinzeln frech zu uns herüber
Aus dickgeschminkten Zügen müde und verdrossen,
Und jedes Lächeln scheint zu sagen: „hör' mein Lieber
Wir haben ach schon viel geliebt und viel genossen."

Gelangweilt wende ich den Kopf. Gleichmüthig stiere
Ich durch das wirre, brodemschwangre Dunstgewühl
Auf den Portier dort an der damastschweren Thüre —
Jeunesse und Demimonde läßt er in's Vestibül.

Plötzlich weckt mich ein Fächerschlag aus dumpfem
Brüten,
Gerüstet steht vor mir Amélie, die Dame vom Buffet,
Wie ich zog sie im Lebensglückspiel lauter Nieten,
Ich bin ihr Cavalier — wir gehn zu Bett.

Die Straßenläuferin.

Straßauf, straßab auf dem Asphalt
Läuft sie nur leicht bekleidet,
Wie ist die Nacht so bitterkalt!
Der Leib so ausgeweidet!

Grell flackert der Laternen Schein . .
Wie viele schöne Kinder!
Bis in den Morgen noch hinein
Find't Waare hier der Sünder.

Interjection der Sinne.

In düstres Träumen tief versunken
Starre ich thränlos vor mich hin,
Du küßt, von süßem Mitleid trunken
Das Haupt mir, schöne Sünderin.

Dein dunkles Aug', das liebentflammte
Thaut in der Sehnsucht Sonnenstrahl —
Unselige Dirne, lustverdammte,
Ich liebe dich zu meiner Qual.

Indeß wonnheischend mir erblüht
Dein mondscheinblasser Rosenleib,
Der Seele holder Duft versprüht —
Und arm wie vorher bin ich, Weib.

Nirwana.

Oft leertest du des Schicksals Becher
Gefüllt mit ekler Daseinsqual,
So leer' ihn nun, ein kühner Zecher,
Bis auf den Grund — zum letzten Mal.

Wirf tief dich in den Schlamm der Lüste,
Sauge dich fest an Lippen roth,
Schnauf' ein den Duft der warmen Brüste —
Umarm' im Vollgenuß — den Tod.

Lilian.

Rings Berg und Thal im Nebelgrau,
Ich wandle stumm durch die Öde,
Und wieder tönt mir, du schöne Frau,
Wie Vogelsang deine Rede.

Dein Lachen zwitschert silberhell
Dem armen Verseftümper;
Ich trink' den süßen Seelenquell,
Die Thräne von deiner Wimper.

Goldflüsternd hältst du, ach, so weich,
Leisbebend mich umstrickt, —
Ich küsse dich selig, überreich,
Du Sonn', die den Himmel mir schmückt!

Tief athm' ich deine Zaubernäh'....
O unaussprechliches Sehnen!
Aus wonnigem Traum erwach' ich jäh —
Und heiß quillen die Thränen.

Antwort
auf die Frage: „Was ist Glück?"

Wir sind nur glücklich, wenn wir fühllos dämmern,
Wenn unsere Pulse nur noch traumhaft hämmern,
Wenn wir des Daseins Wonnen abgestorben,
Des Nichtses wunschlos-holde Ruh' erworben.

Vor unsern Sinnen wird es göttlich-licht,
Die ganze Schöpfung wird zum Traumgedicht.
Gleichglücklich sind wir in der Sonne Glanz,
Gleichglücklich sind wir in der Nebel Tanz.

Nicht eines Weh's sind wir uns je bewußt,
Des Nichtseins Sein birgt weder Schmerz noch Lust.
Indeß' der Leib hinstirbt in Nacht und Tod
Badet der Geist im ewigen Morgenroth.

„An eine Verlorene."

Du seltsames Kind wie schön du bist,
Wie lieblich dein schelmisches Lächeln ist!
Heiße Flamme dein braunes Auge sprüht,
Leichte Röthe die Wange überglüht.

Der üppige Busen das Kleid fast sprengt,
Der kirschrothe Mund zum Kusse drängt —
Du blasse Jüdin, für eine Nacht
Sei mein deines Leibes schwellende Pracht.

Komm' laß uns fliehen das wirre Gewühl,
Laß uns küssen und kosen auf weichem Pfühl,
Der Liebe Blüthen pflücken sich hold,
Ist auch die Liebe erkauft durch Gold.

Der Dirne Fieberleidenschaft
Paart wild sich männlich schöner Kraft,
Auf Wogen der Wonne selig zu Zwei'n
Schlürfen wir trunken der Wollust Wein.

In süßestem Taumel Wang' an Wang' —
In brünstiger Zärtlichkeit Ueberschwang,
Erschließt mir den Himmel der Liebe, o Weib,
Dein jungfräulich knospender Rosenleib.

Freie Rhythmen.

Ehern liegt auf mir
Des Schicksals schwere,
Leidschwang're Hand.
Tief trage ich
In brennendem Busen
Unendlicher Sehnsucht
Dämonischwilde
Schmerzgewalten.
Ach nimmer, nimmer
Findet der Erde-
Und Himmelumfassende
Feuergeist
An Freundes Herzen
In Weiberarm

Süßer Seelenerlösung
Glücktiefen Frieden.
Einsam, einsam
Führt den Lebenverlorenen
Weiter und weiter
Nachtdunkler Pfad....
Wie auch das Auge,
Das thränenmüde,
Des Fieberglüh'nden starrt:
Nicht ein Sonnenblick
Maiduftiger Hoffnung,
Nicht ein Trostwort
Aus irdischem Munde
Grüßt den ewig
In ungeheurem Schmerze
Grausam Verdammten.

Wie süß wachende Lust,
Wie Menschentraum
So flüchtig,
Schwand der Sonne
Lieblich lachender Strahl.
Grauweiß umflort,
Ein wogendes Nebelmeer,
Lauscht lautlos wallend
Des Lebens
Weite Wunderfülle.

Nicht ein Jubelton
Jauchzender Wonne,
Nicht ein Athemhauch
Nachtdüſt'rer Schmerzensklage,
Dringt zu dem Ohre
Des weltenfernen
Wahntrunkenen Wallers.
Selig durchſchauert ihn
Duft der Erlöſung.
Mit Winden und Wolken
Trinkt er des Aethers
Feuchtkühlen Friedenstrank,
Selbſt Blume und Baum.

Abend in der Ebene.

Des Abends Röthe malt den Himmel weſtlich
Und taucht ihn tief in flüſſiges Meer von Gold,
Ein linder Hauch!... Die Nacht kommt ſüß und köſtlich,
Die Bruſt füllt Friede weich und wunderhold.

Die Wolken wallen ſtumme Rieſengeiſter,
Fernher klingt traumhaft einer Flöte Laut;
Der Sterne Strahl zu lichten Sphären weiſt er —
Ahnend die Seele in die Zukunft ſchaut.

Märchen.

Während dein blaues Auge lacht
Ein goldener Sonnenstrahl, —
Weine ich fieberüberwacht
In Schmerzen ohne Zahl.

Berauscht von deiner Schönheit Pracht
Küßt' ich dich ohne Wahl,
Fahr' wohl mein Lieb, Traum gute Nacht,
Meine Brant ist die ewige Qual.

Frei nach Edgar Poë.

Die Haide starrt stumm und düster,
Nur des Mondes Auge wacht;
Leis' rauscht nur der Blätter Geflüster
In tiefer Nacht, in tiefer Nacht.

Da horch! Die Todtenglocken,
Sie klingen dumpf und schwer . . . .
Mein Lieb' mit den goldenen Locken
Kommt nimmermehr, kommt nimmermehr!

Haideopfer.

Der Wandrer auf dem Haidegrund, dämmrungumgraut,
Sich ganz verlor,
Der wilden Taube melancholischer Klagelaut
Nur trifft sein Ohr.

Kein Stern vom wolkentrüben Himmel blinkt
In seine Noth,
Kein Mensch, kein Haus — nur Irrlicht trügerisch winkt,
Ihm winkt der Tod.

Frei nach Petöfy.

Dies sei die allerletzte Sündennacht
Da wild ich schrie nach Lust in meiner Noth,
Da blutige Thränen weinend ich gewacht —
Umarm' mich Tod!

Schließ' sanft des Himmelsstürmers Augen zu,
Küss' fort der Sehnsucht heiße Thränenqual,
Gieb mir des Friedens süße Märchenruh'
Endlich einmal!...

Kumax.

„Mein Schicksal ich erwarte", so sprach sie traumleise
zu mir,
Ich sprach: „o Weib meine Seele, von dir nur träum'
ich, von dir!"
Sie sprach: „nimm mich hin, o Liebster, Jugend und
Schönheit verblüht...
Möcht' einmal trinken den Duft, der dem Kelche der
Liebe entsprüht."

Thränen.

Wie heiß brennt deine Kinderstirn,
Wie glüht dein Aug', du blasse Dirn'
Was fährt dir durch das Spatzenhirn!

Träumst du der Jugend Seligkeit?
Von erster Liebe goldner Zeit
Versunken ach so weit, so weit?...

Erwacht aus wildem Rausch der Lust
Das todte Herz in deiner Brust
Daß du so bitter weinen mußt?

Strophen.

Wenn Liebeslust und -Leid nicht wär',
Das süße dunkle Ungefähr,
Arm wäre diese Erdenflur,
Nicht spräche zu uns die Natur.

Lieb' ist die Königin der Welt,
Die Sonn', die tiefste Nacht erhellt,
Ein Wort, ein Hauch, ein einziger Blick
Schließt in sich aller Himmel Glück.

Naturbild.

Auf weichen Sohlen schleicht die Nacht
In's lenzduftreiche Thal,
Der Wind rauscht durch die Bäume sacht,
Der Mond blinkt geisterfahl.

Einsam trink' ich die stumme Pracht —
Rings Sterne ohne Zahl,
Die ewige Liebe webt und wacht:
Ganz Hauch, ganz Duft und Strahl.

Flußfahrt bei Sonnenuntergang.

Mit Laubkränzen geschmückt treibt pfeilschnell der Nachen
Durch die schaumig sich kräuselnden, braungelben Fluthen,
Glockenhell tönt der Mädchen fröhliches Lachen,
Wie die herbstfahlen Berge rings rothgolden sie gluthen.

Wind zauſt das Lockenhaar in die reizenden Stirnen,
Hellauf die Augen luſttrunken leuchten,
Schalkiger Uebermuth faßt die ausgelaſſenen Dirnen,
Hei wie die Wangen perlen, vom Naß, dem feuchten!

Selig schau' ich in's duftschwere Weingelände,
O welch schwellender Reichthum, welch üppiger Friede!
Jauchzend das Haupt, berauscht zum Himmel ich wende —
Und der Seele Wonne ergießt sich im Liede.

An die Gebrüder

Fast jedes Wort in jedem Satze
Beweiſt mir, daß ihr Jeſuiten,
Man kennt euch, fort die Heuchlerfratze,
Ihr litterariſchen Banditen!

Die Liebe.

Kennst du die herrliche, hehre, hohe,
Himmellodernde Flammenlohe?
Herz allgewaltig zum Herzen drängt,
Seele die irdischen Bande sprengt.

Sphärenlichte Lenzseligkeit
Löst des Lebens Schmerzwiderstreit,
Frühlingskuß der Gottheit dich weiht,
Schwingen zum Flug in den Himmel dir leiht.

Morgenduft und Sonnenpracht,
Wonniger Schönheit Eden dir lacht,
Goldener Harmonien Strom
Webt um dich ewigen Wunderdom.

An P. F.

Künstler und Mensch sind eins bei dir,
O seltene Harmonie!
Drum ist ein jedes Wort von dir
Ideale Poesie.

Zweites Buch.

Anna.
Ein Cyclus.

Ob ich seit Monden auch dich nicht mehr sah,
Ob ewig fern — du bleibst mir ewig nah.

Anna.

I.

Die Träume, die in stiller Andacht Stunden
Liebreich dein Schatten mir so oft verlieh,
Die süße Ruh', die ich bei dir gefunden
Mein lieber Baum, vergesse ich dir nie.

II.

Du Weib, zu schön für diese Erde,
Um das ich ewig weinen werde
Und lebt' ich tausend Leben auch
In Erdenduft und Himmelshauch,
Du Sonnenkind, du Lenzgemüth,
Du Blum', wie keine wieder blüht, —

Oft frag' im Tiefsten ich entsetzt
Wo weilst du süße Huldin jetzt?
Bist du in Gottes Schooß erwacht?
Träumst du in ewiger Liebespracht?
Bist du der Stern, der dort mich grüßt?
Der Nachtthau, der die Wang' mir küßt? . . .

III.

Wo bist du hin du Stunde des Entzückens,
Da ihres Auges reiner Himmelsstrahl
Wie Sonnenlicht in eines Kerkers Dunkel
Sich in die Tiefen meiner Seele stahl?

Du Wonnestund', da ihrer Stimme Zauber
Sich göttlichsüß in's kranke Herz mir sang,
Daß ich hinknieen mußte wie im Fieber,
Sie an mich riß und brünstig sie umschlang . . .

Wo bist du hin?! . . . Der Gottheit seel'ge Nähe:
Büßen muß ich sie jetzt mit ewiger Pein,
Indeß' ich einsam dunklen Weg nun gehe
Wird Sie in andern Armen glücklich sein.

IV.

Dich zu verlieren, hatt' ich dich gefunden,
Nun find' ich nirgends Trost, um zu gesunden,
Dein Bild nur küsse ich in allen Stunden.

Das muß ich immer, immer mit mir tragen,
Daß mir's erzählt aus maiensonnigen Tagen,
Bis daß dies müde Herz aufhört zu schlagen.

V.

Du, die ich längst nicht mehr zu nennen wage,
Doch deren Bild mich immer noch umschwebt,
Du, die in meinem tiefsten Herzen lebt,
Um die der Sehnsucht Schmerz ich ewig trage;
Oft, wenn mein Aug' sich zu den Sternen hebt
Und mich des Mondes Himmelsduft umwebt,
Drängt auf die Lippen sich die bange Frage:

Wo weilst du jetzt? In öde Ferne bannte
Mich unerbittlich grausam mein Geschick,
Erloschen ist in Thränen nun der Blick,
Drin einst der Liebe Feuer lodernd brannte.
Wohl kehrt' ich in der Heimath Schooß zurück,
Doch ließ' ich meines Lebens Fried' und Glück
Mit dir zurück, die mich so ganz verkannte.

VI.

Diese Blume — ach kam einst von ihr,
Auch verwelkt noch ist sie heilig mir;
Längst sind ihre Farben hingeschwunden
Wie die Seeligkeit vergangener Stunden,
Aber ewig heilig bleibt sie mir —
Diese Blume, ach, kam einst von mir.

Tausend blühen schimmernd jetzt im Hain,
Farb' und Duft vom Himmel sie sich leih'n.
Ihrer Schönheit Süße reizt mich nicht —
Der Erinnerung Hauch mich hold umflicht.
Längst verblichene Blume, du allein
Sollst mir Weihsymbol des Frühlings sein!

VII.

Oft denk' ich all' der Wünsche, die vergebens
In meine Seele kamen und entfloh'n
Und seufze: wär' der Schmerzenstraum des Lebens
Vorüber, wie so manche Hoffnung schon.

Drittes Buch.

Natur und Stimmung.

Einsamkeit.

Einsamkeit in deiner Stille
Ueberkommt's mich mild und weich,
Augenblicks schweigt jeder Wille,
Tret' ich in dein Mährchenreich.

Und ich träume, daß so bliebe
Dieser Zauber ohne Wort,
Und kein Ruf gebietrisch triebe
Mich von deiner Schwelle fort.

Mondnacht.

Bergsee's dunklen Spiegel
Küßt des Mondes Schein,
Thäler rings und Hügel
Hüllt er magisch ein.

Wellen leise kommen
Mit des Windes Weh'n,
Melodien verschwommen
Durch die Seele geh'n.

Alte Lieb' und Trauer
Traumhaft zieht in's Herz,
In viel-süßem Schauer
Löst sich jeder Schmerz.

Selige Ruh.

Ich schau' zum Mond, dem mährchenblassen
Und zu der Sterne Duft und Pracht, —
Ich kann den Blick nicht von dir lassen,
Du wundersame Sommernacht.

Ein jedes Gräschen seh' ich zittern,
Ein jedes Lüftchen weh't mir zu,
Süß nach des Tages Ungewittern
Umfängt mich wunschlos-holde Ruh'.

Nächtiger Zauber.

Schwebst du Mond im Dämmergrau
Ueber Thal und Höh'n,
Spür' ich um mich lind und lau,
West, dein holdes Weh'n:

Nächtigen Zauber süß und weich
Koss' ich träumend aus,
Fühle mich so überreich
Nach des Tages Graus.

Traumesweben.

Senkt sich auf mein Zimmer
Süßes Mondenlicht —
Auf die Wand der Schimmer
Bleiche Rosen flicht.

Seltsam Traumesweben
Leise zu mir spricht —
Und die Worte geben
Seligstes Gedicht.

Erdenlust.

Der Frühling kam wohl über Nacht,
Der Vöglein Lieder sind erwacht,
Die goldene Sonne funkelnd lacht,
Aus Ast und Aestchen bricht's mit Macht,
Nun keimt's im Herzen süß und sacht —
O Erdenlust, o Himmelspracht!

Lichte Wonne.

Durch die Felder, durch die Auen
Schweif' ich einem Gotte gleich,
Ganz versenkt in seliges Schauen
All' der Wunder süß und reich.

Trunken weid' ich meine Sinne...
Lichte Wonne überall;
Lichte Wonne, süße Minne,
Tausenstimmiger Jubelschall.

Erwachen.

Süß weckt der Vöglein Gesang
Die schlummernde Natur,
In sehnsuchtsregem Schöpferdrang
Erschauert leis' die Flur.

Zum Lichte ringen sich empor
Viel tausend Träume hold,
Sie fluthen zu des Himmels Thor
Ein Meer von Grün und Gold.

Auferstehung.

Auf den weiten Auen
Sprießt das erste Grün,
In dem endlos Blauen
Schweift die Lerche hin.

Ueber allen Landen
Schwimmt viel-süßer Duft...
Lenz ist auferstanden
Aus des Winters Gruft.

Lenzseligkeit.

I.

O zauberhaftes Wehen
O Duft allüberall...
In Tiefen und in Höhen
Jauchzender Jubelschall.

O goldenes Sonnenflimmern!
O süße Blümelein!
O leuchtend Farbenschimmern,
Lenzseligkeit, zieh' ein!

Grüß' mich auf allen Wegen,
Keim' auf in tiefster Brust:
Du reicher Gottessegen
Du ewige Liebeslust!

II.

O wonnige Frühlingsbegeisterung...
In's Freie hinaus eilt Alt und Jung.

Mit Nachen besät ist der stolze Strom.
Lauter Jubel durchhallt des Waldes Dom.

Ein jedes Herz erschließt sich der Pracht,
Als folgte dem Tage nimmer die Nacht.

Erster Strahl.

Endlich einmal
Nach langer Nacht,
Auf Berg und Thal
Die Sonne lacht.

Endlich einmal
Mit süßer Macht,
Der Hoffnung Strahl
Mein Herz entfacht.

Maientraum.

Wie lockt die milde Maiennacht
Mit ihrer duftigstillen Pracht!

Leis' treibe ich in schwankem Kahn
Auf monderhellter Wasserbahn.

Die Wolken zieh'n, die Winde rauschen,
Ich halt' den Athem an, zu lauschen.

Im Busch flötet die Nachtigall —
Süß träumt der Liebe Geist im All.

Gluth.

So schwül, so warm der Mainacht Gluth!
O hab' Erbarmen, junges Blut!

Löse dein Mieder diese Nacht,
Enthüll' der Glieder schneeige Pracht!

Laß mich der Lüste Kampf besiegeln
Auf deiner Brüste Wonnehügeln!

Sommerabend.

1.

Wir fahren in den See hinaus,
Mit Augen, thränenmüden,
Zu retten fern des Lebens Graus
Der Seele ihren Frieden.

Auf tiefer träumerischer Fluth
Die Nebel dämmernd streiten...
Der Sonne milde Sterbegluth
Giebt uns ein still Geleiten.

II.

Stumm träumen rings die Wasser
In purpur-rostgem Licht;
Die Gluth der Sonne blasser
Und blasser mich umflicht.

Ich steh' zum Sterben müde
Im dämmer-schönen Reich . . .
Erlösend-holder Friede
Thau' auf mich süß und weich!

Waldessprache.

Wie traumhaft-still die hohen Buchenhallen!
Im Wiesengrund die weißen Nebel wallen,

Nur manchmal stöhnt der Wind; die Bäume rauschen,
Seltsame Zwiesprache sie gramschwer tauschen.

Sie künden mir unirdischer Sehnsucht Klage,
Den ewigen Schmerz an dem ich ewig trage.

Sonnenuntergang.

Ich seh' im Purpurschimmer
Die Sonne untergeh'n;
Mir ist als könnte nimmer
Sie wieder aufersteh'n,
Als müßt' im Dämmergrauen
Versinken diese Welt,
Und Frieden niederthauen
Auf Stadt und Wald und Feld,
Als müßten alle Leiden
Einschlafen leis' und sacht,
Schmerzlos von hinnen scheiden
Der Mensch in ewige Nacht. —

Mit der Sonne.

Ich seh' die Sonne sinken
Wohl in die See,
Ich seh' die Sterne winken
Aus dunkler Höh',

Ich seh' mich selber trinken
Den bitteren Tod,
Und wie ein Stern entblinken
Im Morgenroth.

Am Meer.

Am weiten Meer ich träume,
Mit dir, Natur, allein,
In mährchenferne Räume
Spinn' ich mich selig ein.

Gar wonniges Verbluten
Mächtig und süß mich quält;
Des Aether's duftigen Fluthen
Die Seele sich vermählt.

Maiennacht.

Um mich mährchenhaftes Schweigen
Zaubrisch-lichte Maiennacht —
Wie so hold die Stern' sich neigen!
Wie so keusch des Mondes Pracht!

Alle Bäum' und Gräser lauschen...
Unaussprechlich süß und weich
Hör' ich leis' dich Weltgeist rauschen
In der Nacht duftschönem Reich.

Frühlingsandacht.

Des Frühlings Stürme durchbrausen das Land...
Meine Seele durchlodert der Sehnsucht Brand.

Es treibt mich hinaus in der Einsamkeit Dom.
Ich kühle die Gluth in der Winde Strom.

Versunken liegt die Erinnerung weit:
Mich grüßt die Sonne in Ewigkeit.

Die Bäche rauschen mir liebend zu,
Die Vögel singen: sei glücklich auch du.

Die Bäume neigen sich zum Willkomm',
Süße Andacht erfüllt mich: Ich bin fromm.

Tiefheiliger Schauer mich durchweht:
Es weiht mich der Schöpfung Majestät.

Ich sauge den Odem der Gottheit ein,
Eins bin ich, mit dem allewigen Sein.

Maifriede.

Hör' ich die Vöglein singen
Umspielt mich Maienluft,
Ist mir, als könnt' ich schwingen
Mich in des Aethers Duft.

Ein seltsam-süßes Dämmern
Schließt mir die Augen zu,
Der Pulse fiebernd Hämmern
Erstirbt in Traumesruh'.

Welke Blätter.

I.

Die welken Blätter fallen
Wie Seufzer in das Moos,
Leis' aus den Winden schallen
Hör' ich mein trübes Loos.

Ich weiß, ich muß verderben
Eh' mir das Leben glüht,
Und wie die Blume sterben,
Die nie den Himmel sieht.

II.

Die welken Blätter fallen
Müde und todesschwer...
Wie sind die stolzen Hallen
So liederstumm und leer!

Die weißen Nebel wallen
Ein bleich' Gespensterheer,
Die weißen Nebel wallen...
Umfluth' mich ewiges Meer.

Herbsttag.

Wie fällt so müd' herunter
Das dürre Laub;
Ach bunter, immer bunter
Verweht's im Staub.

Jetzt geht die Sonne unter
Der Nebel Raub ...
Mein Herz noch jüngst so munter,
Wie ist es taub!

Nichts.

Der Himmel ist verhangen
Mit Wolken trüb' und grau,
Des Windes Seufzer bangen
Durch Wald und Feld und Au'.

Es dunkelt in den Höhen,
Die Nacht ist sternenleer,
Verblassen rings, Verwehen,
Ich sink' in's ewige Meer.

Des Nichtses süße Minne
Hält mich umfangen ganz,
Die leides-müden Sinne
Schwinden im Nebeltanz.

Todessehnsucht.

Einsam träum' ich. Herbstlich rauschen
Ueber mir der Bäume Zweige,
Ihrer Sprache muß ich lauschen,
Wehmüthig das Haupt ich neige.

Der Vernichtung Nebelwelle
Seh' ich trüb' die Welt verwehen.
Nah' mir Tod, bleicher Geselle,
Laß mich sterben . . . schlafen gehen!

Spätherbst.

Spätherbst. Matt Entfärben
Schleicht durch die Natur,
Rings Vergeh'n und Sterben
Zieht die trübe Spur.

Bäume hilflos starren
In den Nebel grau . . .
Mit den dürren Farren
Spielt der Sturmwind rauh.

Bleiche Nichtsgedanken
Füllen mir die Brust,
Seh' vorüber schwanken
Todte Lieb' und Lust.

Sturmnacht.

Nicht Mond und Sterne funkeln
Wie sonst. Sie bleiben aus,
Ich bin allein im Dunkeln,
In der Vernichtung Graus.

Wild-wollüstige Schauer
Durchzittern mein Gebein,
Mich faßt unendliche Trauer,
Ich wein' in die Nacht hinein:

Das Lied, das ewig-neue
Von des Daseins Jammer und Qual,
Von der Menschen Sehnsucht und Reue,
Ohne Rast, ohne Ruh' — ohne Wahl.

Winternacht.

Die Sonn' ist fortgegangen
Als hätt' sie ausgeglüht,
In leisem Todesbangen
Die Blumen sind verblüht.

Müd' fällt von allen Bäumen
Das dürre, welke Laub . . .
Von allen Lenzesträumen
Der zarte Blüthenstaub.

Trüb' zieht in alle Herzen
Des Winters tiefe Nacht . . .
Ach, eine Welt von Schmerzen
Ist neu mir aufgewacht.

Verrauscht.

Die Vögel mir zu Häupten zieh'n,
Verweh't sind ihre Melodien
Nach Südens Zauberlande;
Nur einige Blümlein einsam blüh'n,
Im Sonnenstrahl sie nicht erglüh'n,
Nun welken sie im Sande.

Wirr braut der Nebel auf dem Fluß,
Verrauscht ist längst der Liebe Kuß,
Wie schwand der Lenz so balde!
Rauh breitet nun sein Leichentuch
Der Winter. Und ein düst'rer Fluch
Legt sich auf Flur und Halde.

Tod.

Die Sonne blasst in Nebeln roth,
Die weite Welt ist wintertodt.

Die Einsamkeit durchtönt kein Laut,
Wie ewige Dämm'rung mich's umgraut.

Schneerosen blüh'n in bleicher Pracht,
Die Sehnsucht träumt in tiefster Nacht.

Nie wieder...

Die Straßen dämmern so tief verschneit,
Wie ist der Sommer so weit, so weit!

Jüngst träumte die Welt des Frühlings Traum:
Vieltausend Knospen trug jeder Baum.

Nun plötzlich all' die Keime erstickt,
Vom Frosteshauch die Blüthen geknickt!

Unnennbar traurig die Seele ist,
Der sonnigen Tage sie nicht vergißt.

Nun findet sie nirgends der Liebe Trost,
Sie ahnt nie wieder ein West sie umkost.

Nie wieder labt sie der Blumen Duft,
Ihr bettet der Schnee die kühle Gruft,

Sterben muß sie tief-einsamen Tod —
Nie wieder grüßt sie das Morgenroth.

Fragment.

Ich lehne träumend am Brückenrand,
Das Aug' zu des Stromes Tiefen gewandt.

Wie Schatten huscht es an mir vorbei,
Nur halb noch hör' ich verworr'nes Geschrei.

Der Abend dämmert mählich herein . . .
Plötzlich ergießt sich trübfahler Schein:

Jäh' trifft mein Blick die Menschen all',
Die vorüberfluthen in wirrem Schwall.

Ich sehe Karossen stolz und reich,
Daneben die Armuth kummerbleich.

Zumeist grub tiefe Linien die Noth,
Das Laster, die Sorge um Leben und Brot.

Verrohung spiegelt gar mancher Zug,
Unselige Selbstsucht, Lug und Trug.

Keinem Auge entsprüh't des Daseins Lust —
Weltscheue Schwermuth füllt meine Brust,

Unendliches Weh und unendlicher Groll:
Was all' das tolle Treiben soll:

Die Meisten kommen zur Erde und geh'n
Und haben nie sich selber geseh'n.

Sie lebten dumpf in thierischem Triebe
Sie fühlten nie das Glück der Liebe,

Sie sahen nie der Gottheit Spur,
Sie kannten dich nicht, Allmutter Natur.

― ― ― ― ― ― ― ―

Im Zecherkreis.

Nacht ist's. Trüb' flackert der Ampeln Licht,
Des Mondes Schein durch die Fenster bricht.

Wir sitzen im Kreis beim festlichen Mahl,
Von Hand zu Hand geht der duftige Pokal.

Wild-lippige Zecher sind wir zumeist,
Manches Witzwort sprüht von Geist zu Geist.

Dazwischen tönt der Dirnen Gelach,
Das klingt so gell, das klingt so jach . . .

O tolles Schwelgen im Ueberfluß!
Immer süßer berauscht uns der Sinnengenuß,

Ob auch in nächster Stunde vielleicht
Der Tod über unsere Häupter streicht —

Uns kümmert es nicht. Brust wogend an Brust
So laßt uns sterben im Taumel der Lust!

Kind aus dem Volke.

Kind aus dem Volke so schlicht und rein,
Hüte dich, hüte dich Blümelein!

Bist so lieblich und zart von Gestalt,
Uebst so süße Zaubergewalt . . .

Bald ist der Liebe Knospe erwacht,
Liebe kommt träumend und über Nacht.

Heißer zum Herzen strömt dir das Blut,
Deine Wang' erglüh't in Rosengluth.

Dein Mund dem Kusse entgegenschwillt,
Nur des Mannes Arm deine Sehnsucht stillt.

Wild preßt du ihn an die wogende Brust,
Du giebst dich hin im Taumel der Lust.

Für ewig scheidet von dir das Glück,
Nie kehrt deine Munterkeit zurück.

In Thränen stirbt deiner Seele Mai,
In düsterer Verzweiflung dein Todesschrei ...

Viertes Buch.

Pantheismus.

Das Ziel.

Schon als ich noch ein Knabe war zog es mich hin
 zu anderm Stern,
Tiefheißes Sehnen faßte mich, doch blieb mir die
 Erfüllung fern,
Ich fieberte all' meine Tag. Oft stürmt' ich in das
 Feld hinaus . . .
Der brünstige Leib verkühlte sich in Regenschauer und
 Sturmgebraus.
Der Seele Schrei: ich hörte ihn in tausendstimmigen
 Melodien,
Ich sah auf dunklen Fittichen die todten Leidgenossen
 zieh'n.
Die ewige Dämmerung zerstob: die Nebel theilten
 sich zu Hauf,
Lichtfremde Welten thaten sich vor meinen Geister-
 augen auf,
Nicht Lust noch Schmerz barg mehr die Brust: zu Ende
 war gekämpft die Schlacht —
Das All' war ich: Ich war das All': so ward mir
 Friede in der Nacht.

Märtyrer sind wir.

Märtyrer sind wir. Und ein fremder Wille
Giebt statt des Kernes uns nur taube Hülle.

So kranken wir in allen unsern Stunden
Nur immer mehr und können nicht gesunden.

Indeß des Daseins Wonnen uns umwerben,
Ringt unsere Seele qualvoll mit dem Sterben.

Wir schleppen ächzend immer größere Lasten —
Im ewigen Schooß möchten wir ewig rasten.

O süße Vollmondnacht ...

O süße Vollmondnacht,
Wenn scheu der Nebel steigt,
Vielduftige Lippenpracht
Zum Kusse keusch sich neigt!

O heilige Wonnegluth,
Wenn sternenduftumhaucht
Tief in die ewige Fluth
Die selige Liebe taucht!

O Schauer Herz an Herz
Umarmt sich Mann und Weib!
Alleins sind Lust und Schmerz,
Alleins sind Seel' und Leib …

Mählich verlischt …

Mählich verlischt der Sonne Flammenbrunst,
Grau ballt in Grau sich schwer der Dämmerung Dunst.

Gespenstig wogt und wallt der Nebel Meer,
Vieltheure Schatten grüßen um mich her.

Wie Selige zieh'n der Wolken dunkle Reih'n,
Wild braust der Sturm tiefmächtige Melodei'n.

Zerronnen ist das Weh: Vergänglichkeit,
Die Seele träumt im Arm der Ewigkeit.

Sie webt der Sehnsucht holde Gottesspur
Im großen Sterbeliede der Natur.

Mich treibt's in Einsamkeit . . .

Mich treibt's in Einsamkeit hinaus,
In dir du stille Nacht,
Zu träumen fern des Lebens Graus
In Duft und Sternenpracht.

Des Alles Unermessenheit
Umhaucht die heiße Stirn,
Süß-selige Vergessenheit,
Kühlt mir das kranke Hirn.

Den ewigen Odem trink' ich ein,
Den Urquell alles Licht's,
Eins bin ich mit der Gottheit Sein,
Eins bin ich mit dem Nichts.

Träumend ruht ...

Träumend ruht auf allen Weiten
Friede süß. Im tiefen Blau
Nur die weißen Wolken gleiten —
Friede süß, wohin ich schau'.

Meine Arme muß ich breiten
Sehnend in den Aether lau,
O du Meer von Seligkeiten! ...
Küss' mich frischer Frühlingsthau!

O holder Bann ...

O holder Bann der Mittagsstunde
Die Sonne zieht duftlichte Kreise,
Ein linder Hauch nur giebt noch Kunde
Vom Leben: mährchensüß, traumleise.

Tief schau' ich zu der Wasser Grunde,
Im Aether selig-stumm ich kreise,
Mitwebe ich im ewigen Bunde,
Allglücklich bin ich und allweise.

Zum Ort des Todes …

Zum Ort des Todes lenk' ich oft den Gang,
Dort wandl' ich still der Gräber Reih'n entlang.

Zuweilen les' ich, was auf schlichtem Stein
Die treue Liebe schrieb so rührend ein.

Der Großstadt Lärm nur traumhaft tönt an's Ohr,
Mir dünkt: in selige Au'n ich mich verlor.

Die Seele stirbt: es stirbt der ewige Schmerz,
Tiefsinnige Träume zieh'n mich himmelwärts.

Ich bin der Falter, der zum Kelche strebt,
Ich bin das Stäubchen, das im Lichte webt.

Ich lebe und bin todt vieltausend Jahr',
Ich weiß, daß ich einst war und doch nicht war.

So dämmer' ich schrankenlos in Zeit und Raum,
Wie sich ein welkes Blatt loslöst vom Baum.

O holde Einsamkeit.

O holde Einsamkeit,
Du aller Träume Schooß,
Wie die Unendlichkeit,
Unendlich tief und groß.

Du selige Schattenwelt,
Du Mährchenparadies,
Vom goldenen Himmelszelt
Frieden auch auf mich gieß'.

Daß meine Seele glüht,
Unirdisch hehr und rein,
Stumm wie die Blume blüht,
Der Gottheit süßes Sein.

O könnt' ich mich wiegen …

O könnt' ich mich wiegen
Im Sonnenstrahl,
Mit den Vöglein fliegen
Von Berg zu Thal,
Mit den Wolken ziehen
In lauer Nacht,
Mit den Sternen glühen
Auf stiller Wacht,
Mit den Winden spielen
In Wald und Flur ....
So eins mich fühlen
Mit dir: Natur.

Eins bin ich nun …

Eins bin ich nun
Gottheit mit Dir,
O laß' mich ruh'n
So für und für.

Grüß' fort und fort
So sonnenhell:
Du Friedenshort,
Du Gnadenquell.

Daß mich umwebt
Die Seligkeit,
Die in Dir lebt:
Allewigkeit.

Weicht von mir ...

Weicht von mir, ihr Bilder lockender Lüste,
Ihr schwellender Leiber weißwogende Brüste,

Ihr dunkler Augen feuchtschimmernde Gluthen,
Ihr Lippen so süß im Kuß zu verbluten!

Nicht will ich umschlungen von weichen Armen,
Umhost von des Weibes Dufthauch, dem warmen,

Die Sinne letzen im Taumel der Wonne...
In dir die Seele hinaufstrebt, Ursonne!

O laß mich baden in seliger Klarheit!
O sprich zu mir: ewige göttliche Wahrheit!

―――――

Das war ein wundersam-süßer Tag...

Das war ein wundersam-süßer Tag,
Als wir uns umfingen im Blüthenhag,
Als du mir deinen roth-duftigen Mund
Darbotest in seliger Liebesstund'.

Mit dem Tode die weinende Seele rang,
In Schwermuth erstarb sie fast trüb' und bang',
Da kamst du und sahst mich so wonnig an,
Nun träum' ich der Liebe vielsüßen Wahn.

Nun bist du der Sehnsucht Morgenroth,
Die Erlöserin aus aller Noth,
Die Sonne, die meine Tage erhellt,
Nun bist du mein Leben und meine Welt.

―――――

O Allnatur, vergiß mich nicht.

Liebe, du Königin der Herzen,
Du Gotteskind der Ewigkeit,
Du Urquell aller Erdenschmerzen
Und aller Himmelsseligkeit.

Laß' baden mich in ewiger Schöne,
Laß' küssen deine Rosenspur,
Umflut' mich, Harmonie der Töne,
Vergiß mich nicht, o Allnatur.

Laß' aus den Nächten, die mir dunkeln
Der Ahnung Sonnentraum erglüh'n,
In Blumenduft und Sternenfunkeln
Mir Frieden mährchenhaft erblüh'n.

Daß immer lichter, immer freier,
Unendlich sich das All enthüllt,
Und ganz in selig-stummer Feier
Mich aller Welten Duft erfüllt.

Nicht länger laß' mich dämmernd wähnen
O kühl' des Leibes brünstige Gluth,
Laß' meiner Seele Gottessehnen
Verlöschen in des Aethers Fluth.

O nah' mir, heilige Weihestunde!
Verklär' mein thränend' Angesicht,
Sanft schließe mir die Todeswunde…
O Allnatur, vergiß mich nicht.

O süße Zeit.

O süße Zeit, o Wonnezeit,
Wenn sich die ersten Knospen zeigen,
Wenn in die Lüfte hoch und weit
Die ersten Lerchen jubelnd steigen.

Das Herz weiß nicht wie ihm geschah,
Dich faßt ein wundersames Regen,
Du bist dem Himmel selig-nah'
Du träumst der Ewigkeit entgegen.

Wie all' die Bäche eisbefreit
Zum großen Meere brünstig fließen,
Muß holde Liebesseligkeit
Sich wonnig in dein Herz ergießen.

Der Blumen Duft, der Sonne Pracht
Grüßt dich mit tausend Seligkeiten,
Nacht wird zum Tag, Tag wird zur Nacht . . .
In eins dämmern die goldenen Weiten.

Waldeinsamkeit.

Waldeinsamkeit, o Waldeslust,
Du holdes Dämmerweben,
Zieh' ein in meine kranke Brust
Jungduftig Knospenleben.

Umrauscht mich, ewige Melodien,
Wiegt mich in alte Träume,
O Sonne hör' nicht auf zu glüh'n,
Lock' mich in selige Räume.

Küss' todte Sehnsucht in mir wach,
Weck' in des Herzens Tiefen
Die Lust, die einst so jauchzend sprach
Als tausend Sterne riefen,

O labe mich, Erinnerung!
Ihr Reize, ihr viel-süßen,
O laßt's mich wieder maienjung
Die ewige Liebe grüßen.

Betäub' mich süße Rosenzeit,
Du Hauch gestorbener Wonnen —
Süß sink' ich in Traummüdigkeit,
Von Klang und Duft umsponnen.

O Seele webe seligfrei,
Im ewigen Gottes-Bunde,
Auf daß ich endlich glücklich sei,
Endlich einmal gesunde ...

Was Tiefstes ...

Was Tiefstes das Gemüth
Göttlich durchweh't
Versprüht
Bis es zur Lippe geht.

Ich kehre zu den Sternen.

Ich kehre zu den Sternen
Mein thränend' Angesicht,
Wie grüßt aus seligen Fernen
So mild ihr süßes Licht!

Fortdämmern alle Schranken...
Stumm blüh't die Seele auf,
Ein Meer von Gottgedanken
Trägt mich hinauf, hinauf.

Ich schweb' im weiten Raume
Urfrei und schmerzenlos,
Ich web' in wonnigem Traume
Alleins im ewigen Schooß.

Seelenfeier.

O wundersame Seelenfeier . . .
Nun schweigt des Daseins tiefer Schmerz,
Lind deckt mit ihrem Friedensschleier
Die Einsamkeit mein blutend Herz.

Erstorben ist das heiße Sehnen
Hinaus in fremder Welten Duft,
Nicht fließen mehr der Schwermuth Thränen —
Kein Laut mich in das Leben ruft.

O selig so im Licht zu wallen!
Umrauscht sanft von der Sphären Sang,
Zu trinken in des Aethers Hallen
Der Gottheit süßen Sonnentrank.

Urmutter Nacht.

Oeffne die Arme weit
Urmutter Nacht,
Süß in Traumseligkeit
Wiege mich sacht.

Liebe- und Glückberaubt
Komm' ich zu dir,
Kühle mein krankes Haupt,
Gieb Frieden mir.

Laß wie die Sterne auch
Mich untergeh'n,
Laß in dem ewigen Hauch
Auch mich verweh'n.

Das Meer der Ewigkeit.

Hinter den Dächern kommt der Mond herauf,
Die Sterne wandeln ihren ewigen Lauf.

Sie grüßen stumm aus seligem Gefild,
Wie vor Jahrhunderten so hehr und mild.

Die weite Welt ist mährchenhaft erhellt —
Ein süßer Geistertraum die Brust mir schwellt.

Erfüllung wird der irdischen Sehnsucht Wahn:
Der Mondnacht Weben zieht mich himmelan.

Und körperlos, von jedem Schmerz befreit,
Die Seele taucht in's Meer der Ewigkeit.

Du Odem . . .

Du Odem, der im Aether webt,
Gottheit, die webt in mir,
Der Sehnsucht, die zum Lichte strebt
O gieb Erfüllung ihr.

Umfließe mich Unendlichkeit
Du aller Sonnen Glanz,
Nimm' Liebesschooß der Ewigkeit,
Nimm' auf die Seele ganz.

Laß' hauchen wie die Blüth' am Baum
Sie süßen Opferduft,
Laß' weben sie den Wonnetraum,
Der sie in's Nichtsein ruft.

Geh' in den Wald.

Was ist des Menschen Sein! Geh' in den Wald,
Des Ewigen Odem brünstig ihn durchwallt.

Du bettest Dich in's duftig-weiche Moos,
Du fühlst dich selbst so klein, Natur so groß.

Die Vöglein halten traute Zwiesprach' dort,
Du träumst in ferne Räume selig fort.

Und mit den Wolken stumm im Aether kreist,
Unsterblich: deiner Seele Sehnsuchtsgeist.

Immer neu.

Wer kann je sagen: Schmerz und Lust ihn küßt,
Wer kann je sagen: daß er ist, nicht ist.

Was heute blüht ist morgen dürres Reis...
Es wechseln ewig Tag und Nacht den Kreis.

Und immer neu die Allheit sich gebiert,
Und immer neu die Allheit sich verliert.

Nach jeder Wolke möcht' ich greifen...

Nach jeder Wolke möcht' ich greifen,
Nach jedem Schatten, jedem Traum,
Den Kelchrand jeder Blume streifen,
Und küssen jeder Woge Schaum.

In allen Himmeln möcht' ich weben...
In selig-süßer Dämmerlust
Nur nach dem ewigen Urgrund streben,
Gesunden an der ewigen Brust.

Stumm mit der Sonne Liebesgluthen,
Stumm mit der Sterne Duft und Pracht,
Im Schooß der Gottheit mich verbluten,
In deinem Arm: Urmutter Nacht.

O küss' mich Maiensonne ...

O küss' mich Maiensonne,
Umfluth' mich Armen auch,
Du ewige Liebeswonne,
Du holder Lenzeshauch.

Sing' Lerche in den Lüften,
Sing' Trost mir in das Herz,
O Ros' mit linden Düften,
Betäub' der Sehnsucht Schmerz.

Fließ' rein auf mich hernieder
Du selige Gotteslust,
O ströme Quell der Lieder,
Ström' auch aus meiner Brust.

Umfluth' mich weiche Welle
Glühgoldener Seligkeit,
Du laue Dämmerhelle,
O lock' mich wunderweit.

Tauch' liebe Seele, tauche
Tief in des Aethers Strom,
Webe im ewigen Hauche,
Webe im ewigen Dom.

Grüß' aller Himmel Sterne,
Grüß' aller Welten Duft,
Wähn', daß in seliger Ferne
Die Ewigkeit dich ruft.

Du bist der Geist . . .

Du bist der Geist, der ob den Wassern schwebt,
Du bist der Odem, der im Aether webt.

Du bist der Blume Duft, der Sonne Pracht,
Das süße Geisterweh'n der Sommernacht.

Du bist der Welten duftige Sternenbahn,
Du bist der Sehnsucht ewig-neuer Wahn,

Du bist der Lichtquell der Unendlichkeit,
Du bist der Liebesschooß der Ewigkeit.

Unnennbar...

Unnennbar ist die große Gotteskraft,
Die in den Höhen und den Tiefen schafft.

Stets neu ringt sich aus ihrem Liebesschooß
Der Sehnsucht Keim in ewigem Schmerze los.

Im Menschen lebt er odemgleiches Sein,
Im Thiere ist er wesenloser Schein.

Stumm in der Pflanze er zum Lichte strebt,
Laut aus der Menschenbrust er jauchzt und bebt.

Doch ungesprochen bleibt das letzte Wort,
Und Sein und Nichtsein dämmern ewig fort.

Fünftes Buch.

Gedanken- und Stimmungsblitze.

Der Mensch.

Hölle und Seligkeit zugleich
Umstricken ihn mit Banden,
Unendlich arm, unendlich reich
Gelingt's ihm nie zu landen.

Welt-Ironie.

Ein Herz, das nie geliebt,
Zu Tode uns betrübt,
Ein Glück, das nie geboren,
Wir wähnen es verloren.

Nirwana.

Jeder Schmerz und jede Lust
Ist erstorben in der Brust;
Und nicht vorwärts, nicht zurück
Schaut der todesmüde Blick.

Phantome.

Phantome sind Freundschaft und Liebe,
Glücklich, wer nie an sie geglaubt;
Ist auch sein Himmel ewig trübe
Ihm wird kein holder Wahn geraubt.

Unabänderlich.

Was du auch thust zu jeder Frist,
Du bleibst derselbe, der du bist;
Es wächst der Keim, der in dir liegt,
Du kämpfst und kämpfst — der Dämon siegt.

Dein Leben.

Es glich der Faust, die ungeseh'n geballt,
Es glich dem Schrei, der ungehört verhallt,
Es glich dem Traum, der nie Erfüllung fand,
Es glich dem Baum, der nie in Blüthe stand.

Lass'.

Lass' nur all' das dumme Fragen,
Niemand wird dir Antwort sagen.
Sieh' die Einen ewig klagen,
Sieh' die Anderen ewig fragen.

Welt und Ich.

Die Welt ist rosig, die Welt ist dein,
Siehst du sie nur im Sonnenschein;
Doch, ist's in deinem Busen Nacht,
Wie ist dir da der Erde Pracht?

Einem Jünglinge.

Der Vorhang ist zerrissen,
Die Welt: Du kennst sie jetzt,
Der Täuschung nur beflissen,
Die Wahrheit sie entsetzt.

Gegenwart und Zukunft.

Ein Jeder, der sich selber kennt,
Das Leben nur ein Uebel nennt,
Die Gegenwart ihn nicht erfreut,
Er weiß, was ihm die Zukunft beut.

Der ewige Fluch.

Was im Lenz mit tausend Keimen
Nach dem Himmel greift . . .
Ach, von all' den Blüthenträumen
Auch nicht einer reist.

Das Lied vom Leiden.

Was uns der Weltlauf bringt,
Suchen und Meiden,
Ewig zum Himmel klingt
Im Lied vom Leiden.

Ewig nur der Schmerz.

In der Wesen Riesenkette
Ist der Tod des Lebens Kette,
Nur der Schmerz zuckt durch Aeonen
Ewig, wie die Sterne thronen.

Wunsch.

Möchte gerne auch
So schön
Wie der Rose Hauch
Verweh'n,

Wie der Funke Lichts
Verglimmt,
Wie der Ton im Nichts
Verschwimmt.

Unwerth.

Oft wenn die Seele wähnt und wacht,
Umfängt sie plötzlich Grau'n und Nacht —
Sie ahnt: nicht eine Thräne werth
Ist, was so innig sie begehrt.

Aus dir selbst.

Wird dir auch nicht eine Freude,
Doch die Thränen nicht vergeude,
Schöpfe aus dem tiefsten Bronnen
Aus dir selbst die höchsten Wonnen.

Traumgleich.

Der Freude Wonnezittern,
Die abgrundtiefe Pein,
Nur traumgleich soll umwittern
Mein allertiefstes Sein.

Entsagung.

Suche nicht: du findest nie,
Wolle dich bescheiden;
Lernest du entsagen früh,
Bist du zu beneiden.

Vergißmeinnicht.

Ein Blümlein steht am Strom
Blau wie des Himmels Dom;
Und jede Welle küßt es,
Und jede auch vergißt es.

Was mein Eigen.

Ich nenne nichts mein Eigen,
Als Leiden ohne Ende;
Wär' Tod ein ewiges Schweigen,
Ich ränge nicht die Hände.

Mitgefühl.

Nur von ferne will ich schauen,
Wie die Vöglein Nester bauen;
Wenn sie dann das Herz mir rühren,
Einen Hauch vom Glücke spüren.

Mutter und Sohn.

O Mutter Erde, deine Söhne
Ziehst du mit tausend Schmerzen groß,
Ein frühes Sterben ist ihr Loos —
Indeß du prangst in ewiger Schöne.

Der Schleier der Maja.

Und immer wieder neu
Die Seele liebt und lebt;
Sie glaubt, das Glück sei treu,
Weil sie das Glück erstrebt.

Glück und Liebe eins.

Das Glück, die Liebe sind im Bunde,
Wer sie verlor in banger Stunde,
Genöss' er höchste Seligkeiten,
Er bliebe arm für alle Zeiten.

Lebenswerth.

Hat das Leben einen Werth,
Nun so ist es der,
Daß du einsiehst, wer begehrt,
Tropfen sucht im Meer.

Anhang.

Freie Rhythmen.

Traumvergessen.

Bette dich sanft
In moosige Tiefen.
Einwiegt dich der Quelle
Geschwätziges Plaudern.
Umspielt von der Sonne
Zitternden Lichtern
Grüßt dich der Vöglein
Vieltraute Zwiesprach.
Du siehst wie die Wolken,
Schneeweiße Lämmlein,
Sich haschen und fliehen
Auf himmlischen Auen.
Du träumst dich in ferne
Selige Räume . . .
Du vergißt, daß du bist.

Sie allein.

Trink trunken der Blumen
Süßberauschende Düfte!
Brich kühn der Blüthen
Keusch-knospende Fülle!
Schnauf' ein des Aethers
Befreienden Dufthauch!
Tauch' tief in der Sonne
Goldige Fluthen! . . .
Sink' in den göttlichen
Schooß der Mutter —
Liebreich umarmt dich
Allmutter Natur.
Sie allein hört dich,
Klagt mit dem Sturm
Um die Wette dein Lied;
Und spendet Balsam,
Lindernden Balsam
Dem kranken Sohn. —

Im wallenden Aether.

Umfließt mich Duftwogen
Des wallenden Aethers,
Gießt göttlichen Odems
Anhauch und Leben
In's innerste Mark mir!
Durchschau'ret jeden Nerv
Mit sonntrunkener Andacht!
Laßt hinab mich tauchen
In himmlische Lichtsphär'!
Umarme mich brünstig
Du seliges Schweigen
Unendlicher Liebe!..
Hinstirbt die Sehnsucht,
Die ewige Sehnsucht
Der erdkranken Seele.
Gesprengt sind die Bande
Der sterblichen Hülle,
Ertödtet die wilden
Dämonen des Fleisches.
Dann werd' ich dich schauen,
Ganz schauen und fühlen
Erlöser und Allgott,

Mit Sonnen und Sternen
Im Schooße dir liegen
Und träumen, was du träumst.
Dann stillst du die brennenden
Schmerzen des Müden,
Dann stillst du den Durst,
Den unersättlichen Durst
Nach ewiger Tröstung,
Dann labt mich dein Auge,
Dein lichtspendend' Auge,
Du Urquell der Gnade,
Dann zerfließ' ich im Weihkuß
Deiner Seelenumarmung.
Du allmächtige Selbstkraft!

Das einzige Glück, das die Erde kennt.

O daß ich fände eine Seele
Die fühlte gleich mir! . . .
O daß mir endlich
In keuscher Schönheit
Thaufrisch erblühte
Das Wunder der Liebe!

O daß endlich dem Verschmachtenden würde
Das einzige Glück, das die Erde kennt,
In dem alle Seligkeit wurzelt:
Der süße Einklang
Zweier Menschenherzen
Zur ewigen Harmonie . . .

———————————————

Niederthaust du, o Friede,
Der in den Himmel fluthet,
Du Demant der Erkenntniß,
Darin sich spiegelt
Alles Gute und Böse.
Und wundervoll sprichst du,
Ewiger Wechsel,
Zu den Traumvergessenen.
O köstliches Weben
Im Tempel der Gottheit,
O trunkenes Schwelgen
In Wonn' ohne Ende!
Es wandeln die Monde —
Es bleibt der Seelenumarmung
Unaussprechliche Wollust.

A la Makart.

Mit dämonischen Reizen
Schmückte dich Venus,
Die Göttin der Liebe:
Du wollüstig-blasse,
Lustheischende Dirne.
Wie schön bist du!
Leise heben sich
In zitternden Wogen
Deiner üppigen Brüste
Zartknospende Rosen.
Phantastisch fluthet
Deines Seidenhaars
Duftige Lockenfülle
Auf den blüthenweißen
Nacken hernieder,
Der so lieblich gerundet . . .
Immer heißer zehrt
Am innersten Mark mir
Deiner nachtschwarzen Augen
Wildlodernde Gluth.

Wollustathmend,
Fieberheiß,
Blüht mir entgegen
Deines schwellenden Leibes
Nachtschimmernde Pracht;
Und wonnig umschlungen
Von dem sammetweichen Fleische
Deiner weißkosigen Arme
Sinke ich liebeächzend
In deines feuchten
Brünstigen Schooßes
Thauspendende Tiefen.
Voll süßer Gier,
In wahnstuniger Trunkenheit
Preß ich dich an mich;
Lippe brennt auf Lippe,
Leib schwelgt an Leib,
In seligen Schauern
Rinnt in einander
Der Seelen Geheimniß . . .

A la Gabriel Max.

O laſſ' mich, laſſ' mich,
Du blaſſe Dirne,
Du ſo heiß begehrtes,
So ſchnöde verdammtes
Kind der Sünde!
Was ſoll das Lächeln,
Das ſinnverwirrende,
Das den reizenden
Kleinen ſchwellenden Mund
Dir ſo lieblich umknospet?
Was ſoll deiner großen
Nachtſchwarzen Kinderaugen
Wehmüthige Räthſelfrage,
All' die bachantiſche Gluth,
All' das luſtſatte Leid,
Das dein müdes Geſichtchen
Mir wechſelnd kündet?
Ich kann dich nicht retten
Aus dem Pfuhl der Verderbniß,
Du ſchöne Verlorene!..
Nicht darf ich mehr bergen
Dein ſüßes Lockenhaupt
An meine ſtarke
Pochende Männerbruſt,

Nicht mehr mit zitternden Fingern
Voll seliger Trunkenheit
Wühlen in deinem Seidenhaar.
Ich lieb' eine Andere!..
Wie du mich liebst
Mit all' der Stärke und Reine
Und thaufrischen Frühlingsempfindung
All' der herzfüllenden Leidenschaft
Der wahren Liebe! — — —
Ach, nicht deiner Seele
Holdes Geheimniß
Suchte ich brünstig
Aug' in Auge gesenkt,
Lippe hangend an Lippe
In der Wollustumarmung
Wildlodernder Küsse,
Nur deines Leibes
Jungfräulich herber
Berauschender Dufthauch
Trieb mich fiebernd
In deine weichen Arme,
Daß ich wild an mich preßte
Deiner weißwogenden Brüste
Schimmernde Fülle,
Zu sättigen der Sinne
Ewig rege Dämonen . . .
Ich kann dich nicht retten . . .

O fluche nicht dem Unseligen!
Auch ich bin gebannt
In sternenlose Nacht
Wie du;
Unstät und flüchtig
Muß ich weiter irren
Durch pfadleere Wüste
Stumm weiterschleppen
Die Qualenlast
Nie gestillter Sehnsucht.

Die Heilige, Einzige, Göttliche.

Wann werd' ich dich finden,
Ach endlich dich finden,
Dich fiebernd in schauernder
Seelenumarmung,
Fühlen, ganz fühlen
Du Heilige, Einzige,
Göttliche? . . . .
Die du bist, weil ich bin,
Mich willst, wie ich dich will . . .
Die du mit einem Strahl deines Auges,
Darin der Himmel glüht,

All' die Schmerzen des Einsamen
Heimath- und Glückfernen
Mitfühlend hinwegküſſ'ſt.
Mit einem Athemhauch deiner Seele,
Darin ewiger Frühling blüht,
All' die Thränen auslöſchſt,
All' die brennende Qual,
Die meine Seele verzehrt,
Meine unſterbliche Seele,
Wo biſt Du, du Sonne!
Nur meine Sonne,
Die du jede Wolke der Schwermuth
Von gramtrüber Stirne
Mir lächelnd hinwegſcheuchſt,
Triumphirend verheißeſt
Jeden Traum's Erfüllung,
Mir himmliſcher Tröſtung
Gottſüßen Frieden
In den ſehnenden Buſen gießt,
Mir, der ich arm bin,
So arm bin, wie Niemand?!
Wann erhebſt du dein Haupt,
Aus Nebel und Sturm
Dein lichtmächtiges Haupt,
Du Erkenntniß der Wahrheit
Die iſt und die ſein wird? . . .
Wann winkſt du Oaſe,

Du Mährcheninsel
Voll paradiesischer Auen,
Dem Wüstenpilger,
Der müde des Kampfes,
Des irdischen Kampfes,
Ohne Rettungsstern
Hinsinkt, in das Nichts starrt?
Wann reifst du entgegen
Dem Labebedürftigen
O Thaufrucht der Liebe?!
Wann werd' ich erwachen
Holdselig erwachen,
Dir im Schooße erwachen
Du unendliche Wonne?!
Wann werd' ich Sie schauen
In all' ihrer Schönheit
Liebreiz und Anmuth,
Die aus dem Kelch jeder Blume
Entgegen mir duftet,
Und zu mir spricht
Aus der Nachtigall Schluchzen,
Dem Flüstern des Maiwind's,
Jedem Machtwort der Schöpfung?!

Mit dem Schrei der Erlösung
Fliegt ihr entgegen
Die verschmachtende Seele;

Leib reißt sich an Leib . . .
Es sättigen sich endlich
Im Rausch der Verzückung
Die taumelnden Sinne.
Hinsterben die Pulse . . .
In des Kusses wildlodernder
Flamme vermählt sich
Alle Süße des Lebens,
Des Lebens und Todes.

Meiner Seele Seele.

Welch' Drang, welch' Beben
Durchgraut, durchzittert
Wie wonniger Glücksahnung
Jähe Gewißheit
Die qualmüden Sinne!
Wie göttlich-schön
Glüht entgegen mir
In flammenden Reizen
Deine süße Gestalt!
Wie durchschau'rt mein Herz,
Das liebeschmachtende,
Deines schimmernden Gluthanges

Seligjubelnde Mährchensprache!
Ach, du bist meiner Sehnsucht Ziel ...
Jauchzend grüß' ich dich:
Meiner Seele Seele!
Du bist's, die ich suchte
In dunklen Mitternächten,
Da ich rang und rang
In stummer Verzweiflung
Und kein Stern mir winkte
Vom grausamen Himmel ...
Du bist's, die ich suchte,
Wenn ich einsam trank
Des Frühlings frische
Quellende Gluth,
Die in alle Poren mir drang,
Den süßen Duft
Der über den Auen schwamm
Und den Busen mir schwellte
In heiliger Sehnsucht ...
Du bist's; in dir wurzelt
Mit allen Fasern
Mein ganzes Sein,
Jede Knospe der Hoffnung
All' Frieden und Glück.
Gebannt in deiner Schönheit
Magischen Lichtkreis
Laß' mich träumend vergessen,

Laß' Leben mich saugen
Von deinen Lippen,
Im Schooße dir rasten —
In holder Umarmung
Schöpf' ich Erquickung
Wie der Baum aus der Erde . . .

Fiebergluth.

Durch meine Adern
Rast Fiebergluth!
In meinem kranken
Ausgedörrten Hirne
Lodert des Wahnsinns
Flamme empor!
Aus Nacht und Graus,
Aus wilder Verzweiflung
Schreit meine Seele
Nach dir, nach dir
Du süße
Ewigverlorene Geliebte!

In heißen Thränen
Quillt das Opfer
Unendlicher Sehnsucht.
O daß ich vergessen könnte!..
Ertödten der Erinnerung
Vielholden Mährchenduft!
In tollem Sinnentaumel
Bachantisch schwelgen,
Hinsterben in den Wonnen
Rauschseliger Liebe!...
Wie schön schien die Welt
Dem Auge des Glücklichen!
Ein schimmernder Blüthenhag
Süß umwoben und durchzittert
Von Duft und Schall
Und nun —
In Nacht getaucht
Ist der Lichtkreis der Sonne,
Zum Schmerz wird jeder Athemzug
Der leidgepreßten Brust,
Immer wieder wühl' ich,
O wollüstige Selbstqual!
In meiner Wunde,
Der nie verharschenden ...

Fragmente.

I.

O Purpurrose,
Gluthblüthige Rose,
Nicht umstrickt die Fibern
Der unsterblichen Seele
Mit berauschendem Dufthauch
Deines quellenden Kelches
Nachtüppige Schönheit!
Mein ganzes Herz
Hat ein süßes Blauveilchen.
Aus schützendem Moose
Stillfromm es hinaufgrüßt
Zum tiefklaren Himmel.
Einsam, welteinsam ...

II.

O sättige der Seele
Lechzende Brunst,
O sättige sie endlich,
Wenn sehnsucht-beflügelt

In der Wonne-Empfindung
Glückschauernder Ahnung,
Ich jauchzend dir zuflieg'.
Gieb im Sinnentaumel
Dem Seligen zu kosten
Den Himmel auf Erden.

III.

Vom Friedensathem
Des ewigen Hauches
Umfluthet sink' ich
In Traummüdigkeit
Ohne Anfang ohn' Ende...

Fata morgana.

Wie milde und süß
Des Abends Kühle
Und thaufrische Labung
Herniedersinkt
Auf die heiße dürstende
Gluthschwang're Erde!

Matter glänzen die Tiefen
Des Himmelsgewölbes
In duftweißem Schimmer;
Nur in der Ferne
Wie stolzen Gebirges
Uselhäuptiges Steinmeer
Ragt auf der Wolken
Stummdräuende Nebelwand.
Immer dichter breitet
Um die dämmernden Sinne
Mit Muttersorgfalt
Ihren Traumesschleier
Die Trösterin Nacht.
Wie Geisterrauschen
Zieht's durch die Lüfte,
Sanft küßt es die Köpfchen
Zarthalmiger Gräser,
Die stolzen Kronen
Hochwipfliger Bäume,
Daß sie leise erzittern
In wonnigem Beben
Und flüsternd sich neigen.
Jeder Schmerz, jede Sehnsucht
Der Seele verhaucht,
Mit dem Friedenslispeln
Der Lüfte und Sterne.
Himmel und Erde

Umarmt sich alleins
In dem Segenszauber
Der müden Natur . . .
Immer deutlicher grüßt
Aus wachsenden Schatten
Die heilige Schwelle
Der Heimath.
Jetzt lächle ich selig,
Ein seliges Kind ach
Im Schooße der Mutter.

—

Mondnachtzauber.

O wonniges Weben
In Höhen und Tiefen
Des wallenden Aethers!
Wie selige Geister
Grüßen die Sterne,
Die duftumflorten;
Wethend waltet
Die ewige Liebe.
Ich träume und träume . . .
Und wieder weckt

Eine Welt von Empfindung
Der Mondnacht Zauber
Im Busen mir.
Tiefe Wehmuth füllt
Mein einsames Herz.
Lang', lang' ist's her . . .
Tief schwamm der Mond
Im Dämmer-Blau,
Ein blasses Traumgesicht;
Im nahen Korne nur
Zirpten die Grillen;
Wie von Geisterhänden
Magisch berührt
Erzitterten leise
Des wilden Weins
Phantastisch sich rankende
Blätter und Blüthen . . .
Heiße Worte der Sehnsucht
Entrangen sich zögernd
Dem tiefsten Grunde
Meiner traumbeklomm'nen,
In heiligen Schauern
Erbebenden Brust.
Köstlichstumme
Selige Erwiderung
Ward mir von deinen
Duftkeuschen Lippen,

Du süße Frauenseele
An meiner Seite.
Eine Heilige, eine Madonna
Andachtumflossen
In lichter Glorie
Neigtest Du lächelnd
Dein liebliches Haupt
Und im Innersten traf mich
Der Liebe Strahl
Aus dem zarten
Durchgeisteten Kinderantlitz.
Berauscht bis in's Mark
Von deiner Engelsmilde
Und frau'nhaften Weiche,
O Anna,
Sank ich in's Knie
Und küßte inbrünstig
Immer wieder und immer wieder
Deine feinen, weißen, duftigen Hände...
Von der Blumen Balsam
Lindkosend umfluthet
Verschwisterten sich
In rauschholder Umarmung
In der Mainacht Gluthhauch
Die unsterblichen Seelen
Zum ewigen Bunde...

Weihestunde.

O Weihestunde!
O köstliche Stunde!
Sanft küßt die Nacht,
Die vielholde Trösterin,
Die tagmüde Erde.
Und mählich verhallen
Im ewigen Schweigen
Die Stimmen des Lebens.
Immer lichter umwebt
Die erstorbenen Auen,
Des Mondes fluthender
Silberschleier.
Mild grüßen hernieder
Die ewigen Sterne —
Lautlos wogt
Der wortlose Zauber
Unendlicher Ruhe.
Nur manchmal
Flüstert's und raunt's
Im üppigen Laube;
Wie in Geisterumarmung
Erschauern jählings,

Die Bäume und Sträucher
Als wollten sie künden
Die ewigen Räthsel,
Die da walten von Urbeginn
In Höhen und Tiefen . . .
Wie Erlösung umspinnt
Die qualdüst'ren Sinne
Süßes Mährchenvergessen.
Eingewiegt von der Sphären
Leisrauschenden Hymnen,
Umspielt vom Traumodem
Der wonnesam schlummernden
Allmutter Natur
Trink' auch ich
Unaussprechlicher Inbrunst voll
Gottseligen Frieden,
Glück ohne Ende . . .
In der Mainacht Duftthau
Im ewigen Hauche
Ersterben des Leibes
Fiebernde Pulse.
Mit Sternen und Welten
Wall' ich entgegen
Dem dämmernden Morgen.

❋❋

In demselben Verlage sind erschienen:
Gedichte von W. Arent.
124 S. eleg. broch. M. 1,20.

Original-Kritiken:

Ohne Zweifel steht Arent noch am Anfang seiner poetischen Entwickelung, denn weder bietet die Sammlung im Ganzen nur Auserlesenes, noch sind viele der Gedichte künstlerisch voll und rein ausgeprägt. Wo er jedoch in seine Lieder, die wie lauter Stimmungshauche, wie angeschlagene Akkorde klingen, die ganze Seele hineinlegt, wo er nicht die Mühe scheut, der dichterischen Empfängniß auch die dichterische Arbeit, die für jede feinste Regung auch den feinsten Ausdruck sucht, folgen zu lassen, da verräth Arent ein tiefliegendes eigenartiges Talent. In diesen Liedern ist alles Musik, alles Duft und das geheime Weben und Wirken der Natur findet elementaren Wiederhall; tiefe Sehnsucht nach Ruhe, die von allem Schmerz erlöst, nach dem Aufgehen des Ichs in der Gottheit bildet immer wieder den Inhalt, welcher sich in die weiche, oft traumhafte Form leicht und gefällig schmiegt. Die Außenwelt, sofern sie nicht Natur heißt, scheint für den Dichter kaum vorhanden zu sein, sein ganzes Leben ist: Empfindung, nicht Thun, Traum, selten Kampf; seine Melancholie, sein Pessimismus, der aus manchen Gedichten spricht, deutet wohl auf innere Qualen, aber nur dann und wann wird er zum lauten Aufschrei, zumeist verklärt er sich zum sehnsüchtigen Ruf nach Erlösung. „Seele möcht' den Leib verlassen, möchte gern ein Ewiges fassen." Eine weitere Entwickelung in dieser Richtung ist kaum denkbar, denn es bleibt dem Dichter nur wenig zu sagen übrig, vielleicht aber gewinnt er die Kraft, auch andere Gebiete des Innen- und Außenlebens seiner edlen reichen Begabung zu erobern. Weder sein noch unser Schade wär's. „Bresl. Ztg." vom 28. Mai 1884.

Ein Talent von bescheidenem Umfang: aber dennoch ein Lyriker von entschiedener Begabung. Die Verse sind häufig formvollendet; es offenbart sich darin seine Naturempfindung, und diese Lieder und Gedichte haben mitunter den Vorzug prägnanter Kürze; störend wirkt nur das Uebermaß unglücklicher Liebe und der daraus hervorgehende Weltschmerz des Verfassers. Aber welcher junger Dichter hätte sich nicht eingebildet, daß der Himmel einfallen müsse, wenn ihm die erste Liebeständelei mißglückt ist? Sobald Arent diese Entwicklungsphase überwunden haben wird, dürfte er auf rein lyrischem Gebiete Vollendetes schaffen, wie denn schon in der vorliegenden Sammlung einzelne Stimmungsbilder als durchaus gelungen bezeichnet werden müssen.
„Deutsche Zeitung", Wien, 31. Juli 1884.

Auf 123 Seiten eines niedlichen, sauber ausgestatteten Büchelchens bietet uns Herr W. Arent die Geschichte seiner unglücklichen Liebe in meist formschönen und gewandten Versen. — Wir empfehlen diese Sammlung Gedichte, in der die ganze Stufenleiter unglücklicher Liebesklage und Liebessehnsucht sich findet. Wenn der Dichter aber schließt:
Nicht Erd' noch Himmel kann mir Frieden senden,
Ich weiß: ich werde in Verzweiflung enden!
so wünschen wir ihm, daß dieses Wissen Stückwerk sei und er von dieser krankhaften Schmerzkokettrie sich recht bald befreien und dann für immer geheilt sein möge. „Straßburger Post" 1884. Nr. 11.

Ein Bändchen „Gedichte" von W. Arent hat die Kamlah'sche Buchhandlung herausgegeben. Ueberspannte Gefühlsschwelgereien, nicht ohne Formgewandtheit und poetische Empfindung behandelt, aber bisweilen in recht sonderbaren Ausdruck — „originell" werden ihn die Freunde des Verfassers nennen — gekleidet.
„Vossische Zeitung" (Berlin) 1884. Nr. 49.

Diese sauber gedruckten und durchweg wohllautenden lyrischen Gedichte zerfallen in drei Abtheilungen: „Aus frühester Zeit", „Aus späterer Zeit", „Aus jüngster Zeit". Die erste gestimmt auf das Herweg'sche: „Ich möchte hingeh'n wie das Abendroth" spricht überall pantheistische Sehnsucht nach dem Aufgehen in das „All-Eine" aus, die zweite ist durch und durch pessimistisch, die dritte scheint in einer Fülle von Liebesliedern Genesung anzudeuten, aber nachdem der Bruch mit der Geliebten vollzogen ist, klingt alles wieder in düstere Verzweiflung aus und rechtfertigt das dieser Abtheilung vorgesetzte Motto „Was ist Wahrheit"? So machen die von entschiedener Begabung zeugenden Lieder einen trüben Eindruck; sie eignen sich nicht zur Herzstärkung am wenigsten für das christliche Haus.

    Heinrich Keck: „Deutsches Litteraturblatt" 1884. Nr. 50.

  Noch ist der Lenz nicht da und schon kommen die litterarischen Sommer-Gäste auf unsern Tisch geflattert: Das genannte Gedicht-Büchelchen muthet uns mit seinen blaßblauen Flügeldecken, der zierlichen Gestalt und Ausstattung und dem ganzen Inhalte so recht wie jene niedlichen tändelnden Blumenschmetterlinge an, die zur Sommerzeit so gern auf den blumigen Wiesen schwärmen. Viel Sentimentalität, große Beweglichkeit, jugendfrohe Lust, liebeselige Träumerei, ein gewisser schimmernder Farbenschmelz, aber keine allzugroße Flughöhe oder -Weite — so ist es dieser kleinen Schwärmer Art und Brauch. Der Verfasser W. Arent scheint ein noch recht junges empfindungsfrisches Talent zu sein, das seinen Gefühlen und Gedanken recht lebhafte und ansprechende Farben zu geben, doch noch nicht von den Fehlern und Ueberschwänglichkeiten junger Poeten sich frei zu halten weiß. — Das ganze Büchelchen athmet Lenz und Liebe und wird allen schwärmerischen (besonders weiblichen) Herzen gewiß willkommen sein.   „Lyra" (Wien) 1884. Nr. 11.

  Je seltener die modernen Lyriker sich durch Originalität auszeichnen und je mehr von den meisten gilt, daß die Sprache für sie denkt und dichtet, desto freudiger muß man es begrüßen, wenn wieder unter ihnen einer auftaucht, der eine eigenartige Physiognomie aufweist. Solche Eigenart findet sich bei W. Arent, dessen Gedichte in der Kamlah'schen Buchhandlung in Berlin erschienen, so viel Beifall gefunden haben, daß in Kürze eine zweite Auflage bevorsteht. Der Nachwuchs ist unter den jüngeren Lyrikern so dünn gesät und es wird so viel klägliches Zeug an Gedichten gedruckt, daß Freunde dieser Litteraturgattung es uns Dank wissen werden, daß wir sie durch diese Zeilen auf eine der wenigen Ausnahmen hingewiesen haben.

    K. J. Nordtmann: „Görlitzer Anzeiger u. Nachrichten".

Der Verfasser ist identisch mit dem Dichter der in demselben Verlage pseudonym erschienenen „Lieder des Leides". Wenn diese Dichtungen eine pessimistische Weltanschauung durchzog, so taucht eine solche in der vorliegenden Sammlung „Gedichte" auch auf, aber sie wechselt doch mit Daseins-frohen Stimmungen, so daß die drückende Einförmigkeit des Weltschmerzes nicht mehr vorherrscht. Am liebsten wurde uns der Dichter in den Versen, welche das Naturleben und dessen Einfluß auf die Menschenseele besingen, es findet sich darunter vielerlei Feinfühliges und Ursprüngliches. „Hamburger Nachrichten" 1884. Nr. 68.

Das zu besprechende Buch liefert den Beweis, daß der Dichter über eine große Gewandtheit im Ausdruck verfügt und die Formen, welche er zu verwenden beabsichtigt auch beherrscht. Wer den grellen Tönen des Schmerzes zu lauschen gewohnt ist, wird die Gedichte gern in die Hand nehmen und mit Interesse lesen.
Dr. phil. Edm. Beckenstedt: „Epping" 1884. Nr. 1.

Der Verfasser ist identisch mit dem Dichter der in demselben Verlage pseudonym erschienenen „Lieder des Leides." Trug schon manches abstract-philosophische sowie Natur- und Stimmungsbild der erwähnten Poesien den Stempel ursprünglicher ureigner Dichterkraft, so ist nicht zu leugnen, daß die vorliegende Sammlung, die — im Gegensatz zu den beiden vorhergehenden — für ein größeres Publikum berechnet ist, die Erwartungen, die der Verfasser seiner Zeit bei Einsichtigen erregte, vollauf bestätigt. Wir wüßten unter den jüngeren Poeten nur Wenige zu nennen, die in so tief-innerlicher Weise die uralten und doch ewig neuen Themata der Lyrik zu besingen gewußt hätten, fast Niemand, der es so verstanden hätte, der jeweilig ihn beherrschenden Stimmung einen oft überraschend-einfachen und natürlichen Ausdruck zu geben. Durchweg bestricken des Autors weich-melodische Verse. „Bopparder Ztg.". Juni 1884.

Arent ist jedenfalls Poet, ein Berufener unter den vielen Dilettanten, deren impotentes und aufdringliches Gebahren heutzutage leider auch die echten Blumen im Garten der Lyrik in Mißcredit gebracht hat. Wohl ist die dargebotene Auswahl nicht immer zu billigen —

dem jungen Autor fehlt noch die nöthige Selbstkritik — aber wie unmittelbar, wie zart und duftig geben sich viele dieser auch auch in formeller Hinsicht rein abgerundeten Seelenergüsse! Die Stimmung ist in den einzelnen Poesien fast immer bis zu Ende festgehalten, nur hätten wir den Ausklang oft voller, mächtigtönender gewünscht. Noch eins möchten wir dem begabten Verfasser zu denken geben: seine seltene Innerlichkeit verführt ihn zuweilen zur Bizarrerie, die Sehnsuchts- und Liebesgefühle äußern sich oft zu ekstatisch, die Sinnlichkeit wird ungesund und häßlich. Klärt sich dieser Sturm und Drang, gelangt der Verfasser zu künstlerischer Mäßigung, so dürfte er auf rein lyrischem Gebiete noch Vollendetes schaffen. Wir geben der Hoffnung Ausdruck, recht bald an einem neuen Werke constatiren zu können, daß der Dichter vorwärts und aufwärts gegangen ist in seiner Weltanschauung, wie in der Fülle seiner Begabung. Nach der Lectüre seiner Gedichte begreifen wir die warme Empfehlung derselben durch Männer wie Prof. H. Rech, Heinrich Hart, Ant. Aug. Naaf, J. A. Mordtmann, Gustav Pawikowsky u. A.

„Berliner Morgen-Zeitung" 1884. Nr. 252.

Im Verlage von **J. C. Bruns** (Minden in Westfalen) erschien vor Kurzem:
Poetisches Skizzenbuch
von Karl Henkell.

„Neues Leben blüht aus den Ruinen". Ueberall regt es sich jetzt im deutschen Dichterwalde, an allen Ecken und Enden tauchen neue Talente von ursprünglicher Begabung: Charakterköpfe aus der Masse der Nichtse auf! Angesichts dieser Thatsache denken wir, wird der unserer Lyrik anhaftende Fluch des Epigonenthums recht bald zu einer Phrase ohne Inhalt werden! Karl Henkell tritt mit seinem „Poetischen Skizzenbuch" in die erste Reihe der Vorkämpfer einer neuen litterarischen Blüthezeit! Das Buch des neunzehnjährigen Autors ist eine That! Er klagt „mit erschütternd grausem Klang des Volkes Wehe im Gesang"! Bei ihm findet der Leser nicht das schwächliche Liebesgirren und Sehnsuchtsflöten des in der Mauserung begriffenen Jünglings, sondern der Mann tritt mit der flammenden Energie der Wahrheit und der Ueberzeugung für die höchsten Ideen der Menschheit ein. Statt fade Milchsuppen für das Publikum der „höheren Töchterschule" zusammen zu brauen tischt Henkell der denkenden und fühlenden Männerwelt das Brot der Erkenntniß auf. Mit edel=zornigem Ungestüm, mit dem ganzen Vollklang seiner erzenen Sprache, mit der Gluth und Macht seiner an Béranger und Dickens (Boz) mahnenden Realistik tritt Henkell für die in den Koth getretenen Rechte der Enterbten, für das himmelschreiende Elend des vierten Standes ein. Bald mit ätzendscharfer Satyre, bald mit ergreifend=einfachem Pathos stellt er unvergeßliche

Skizzen hin. Die entsetzlichen sozialen Uebel der modernen Großstadt finden grelle, aber erschöpfende Beleuchtung. Das elende Schlammleben der Prostituirten, die unerhörte Sklaverei der Fabrikarbeiter, das Hunger= und Siechthum der „fahrenden Leute"*) tritt klar und deutlich in scharfen Umrissen vor das geistige Auge des Lesers. Im Gegen=satz dazu wieder wird uns das gedankenlose Indentaghinein=leben der oberen Zehntausend, die schrankenlose Genußsucht, der bodenlos stupide Skepticismus und die geistige und moralische Indifferenz der gesellschaftlichen Elite ebenso eingehend und überzeugend geschildert, daß Mancher vor der Spiegelung seines lieben Ichs begreiflicherweise er=schrecken wird. Henkell scheut sich nie das Ding beim rechten Namen zu nennen. Er giebt — wie jeder echte Poet — was er ist und wie er ist. Vieles, was Mancher um des ästhetischen Genusses willen lieber hätte ausgemerzt gesehen, ist stehen geblieben, damit die wahrhaft bedeutsame Indi=vidualität ungeschmälert bliebe. Wir können Heinrich Hart — der das Buch mit einem gediegenen Vorworte versehen hat — nur Recht geben, wenn er auch jene Stücke veröffentlicht, in denen — wie es scheint — der Bußprediger noch allzu=sehr den Poeten in den Hintergrund drängt. Im Ganzen genommen bietet die Sammlung so mannigfache „aus quellender Frische" und „lebendiger Gluth", geborene Spiegelung unserer Zeit und ihres freudelosen, erlösung=heischenden Geschlechts, daß gewiß gleich uns jede Kern=natur Kraft und Erquickung aus dem Skizzenbuche schöpfen

---

*) Vergl. Stücke wie: „Der Leyermann", „Das Blumenmädchen" u. s. w. Henkell's Erstlingswerk erschien im August dieses Jahres bei W. Issleib (Berlin): Umsonst: „Ein soziales Nachtstück".

wird. — Noch eins. Das Buch predigt laut genug die Mahnung an das jüngere heranwachsende Poetengeschlecht: Laßt das ewige Aufwärmen der alten abgestandenen Stoffe, anstatt durch geistlos-äußerliches Mode-Streben, durch „bis zum Ekel polirte Form" wirken zu wollen, haltet euch an die tausend wechselnden Gestalten des euch gigantisch umfluthenden Kampfes ums Dasein, an das Wollen und Empfinden des heutigen Geschlechts, setzt euch mit dem Geist der Zeit und dadurch auch mit dem des Einzelnen in Contact — dann wird die Lyrik nicht „zum Gespötte, zum Rudimente" werden — sondern aus dem Leben geboren: Leben zeugen.

W. A—t.

Verlag d. Kamlah'schen Buchhandl. (Georg Nauck): **Friederike Brion.** Eine Biographie nach neuem Material aus dem Lenz-Nachlasse. Berlin 1884. — Preis 4 M.

Ueber Friederike Brion, die von dem jungen Goethe im „Egoismus des Genies" so schnöde im Stich gelassene „Blume von Sesenheim", sind in den letzten Jahren verschiedene werthvolle Arbeiten an's Licht getreten. Aber während die Publikationen Prof. Erich Schmids, Bielschofsky's, Biedermanns u. A., nur einzelne Partien dieses selten tragischen Dulderinnenlebens sich zum Vorwurf genommen hatten, giebt Paul Theodor Falk (Russischer Regierungsbeamter, derzeit in Riga), ein umfassendes Bild des Erdenwallens, der lieblichen Friederike, die mit Recht der Idealtypus der germanischen Jungfrau genannt werden darf. Mit Eifer und Fleiß ist das weitschichtige und theilweise entlegene Material zusammengetragen, die neuen Mittheilungen — Gedichte (aus Jerzembsky's Lenzschatz) und Briefe Lenzen's (die Originale befinden sich auf der Rigaer Stadtbibliothek) an Friederike — sind überaus interessant und aufschluß=gebend. Leider macht die Form, in der uns Falk die Resultate seiner Studien darbietet, dieselben fast un=genießbar. Wirklich Neues und selbstständige Ansichten bringt der Autor eigentlich nur in dem Abschnitt: Lenz und Friederike S. 43—70. Mit unbestochener Wahrheitsliebe verfolgt Falk das Freundschafts= und Liebesverhältniß dieser beiden in seinen verschiedenen Phasen, bis die Kata=strophe mit Lenzen's tollen Selbstmordversuchen eintritt. (vergl. Roederer's Notizen darüber). Falk kann Goethe von Lieblosigkeit und Härte der verlassenen Friederike gegenüber nicht freisprechen. Mit eigenen Worten läßt er diesen seine Fehler bekennen. Wir gewinnen Einblick in eine überraschend frivole Flatterhaftigkeit und Gewissen=losigkeit des gefeierten Dichterjünglings. Gewiß hätte der Dichter Goethe Friederike aufgeben müssen, auch wenn der Mensch dagegen gesprochen hätte. Aber wie kann bei Goethe überhaupt noch von etwas Anderem als flüchtiger, sinnlicher Regung gesprochen werden, wenn man bei Falk S. 41 die Thatsache liest, daß Goethe zur gleichen Zeit, wo er mit Friederike liebelte, noch 4 — sage vier — ernst=liche Verhältnisse cultivirte! — Indem wir noch auf das reizende — einzig authentische — Portrait Friederiken's auf=merksam machen und die wohlgetroffenen Abbildungen der Sesenheimer Oertlichkeiten geziemend hervorheben, empfehlen wir den höchst elegant ausgestatteten Band allen, die sich für die unglückliche Friederike und ihren noch unglücklicheren wahren Anbeter, den Dichter Reinhold Lenz interessiren.

W. A—t.